I0464015

cariño como un hijueputa

juan vargas

DonJuanVargas.com

© 1998 Juan Vargas
ISBN-13: 978-1481903806
ISBN-10: 1481903802

Para todos.

índice

fuerza champiñón

Como vamos, vamos mal, se me antoja. Y me parece no ser yo el único en pensar así. No es de pesimista: todos los recuentos históricos que tenemos apuntan a hacernos pensar que somos una especie violenta. Nuestra historia es prolífica en envidias, egoísmos, odios, formas de violencia doméstica, guerras, disputas territoriales, masacres, asesinatos, violaciones, secuestros, campos de concentración y toda una variada gama de otras agresiones.

Si bien la agresividad es una característica presente en la naturaleza, sólo los humanos tenemos las herramientas para traducirlo en actos violentos que sobrepasan los límites del fair play del universo. Estos, sin estar escritos, descartan bombazos, armas biológicas y torturas, y mucho menos justifican, por ejemplo, el que haya un mercado de películas donde realmente se violan y descuartizan seres humanos: cine snuff.

Me parece innecesario seguir explicando a qué faceta de nuestro comportamiento me refiero, pues así haya alguien plenamente satisfecho con nuestra sociedad, este alguien no puede negar las atrocidades que suceden.

Hasta tal punto llega nuestra violencia y su aceptación como karma inexorable de nuestra especie, que en el pasado profetizaron un desenlace apocalíptico a nuestra ignorancia. Hoy creemos sumisamente vivir la evidencia que lo corrobora. Actitud más patética no se puede encontrar en el *Museo Arqueológico de Especies Extintas del Universo*...

Para complementar esta actitud autodestructiva, la especie humana se ha embarcado en un sistema económico ineficiente que ha resultado en una sociedad donde absolutamente todo es monetizado, alejándonos de cualquier actividad que no posea un valor económico. Si un día fuimos una especie predominante del planeta Tierra, hoy vivimos subyugados y utilizados en el *Reino del Dinero*.

La progresiva pérdida del cariño en nuestra especie también es latente al ver el daño que le estamos causando a otras especies y ecosistemas de nuestra Madre Tierra. Pero más doloroso que ver cómo estamos maltratando nuestro hermoso planetita, es como nos justificamos y no nos esforzamos lo suficiente para enmendarlo.

En este desenfrenado desarrollo en el que nos hemos involucrado desde un tiempo indefinido, progresivamente se han relegado de nuestras vidas los elementos más importantes de la existencia. El cariño y el núcleo familiar han sido sustituidos por un individualismo egoísta y frío. Los sueños y la imaginación se han ido perdiendo en un estricto sistema lógico, que sólo consigue homogeneizar el pensamiento, castrando cualquier brote de creatividad. La confianza en el prójimo y el sentirnos responsables los unos de los otros son impensables hoy. Y disfrutar las pequeñas cosas, que son las partículas que componen la vida—comer, copular, dormir, respirar, etc.—han sido eclipsadas por labores y responsabilidades estúpidas que están encaminadas a sostener un sistema económico más que a buscar la realización del individuo.

Las únicas defensas que se pueden esgrimir a favor del estado actual de la Civilización Occidental—que hoy por hoy somos todos los humanos, con la excepción de unas pocas burbujas que bien están a punto de ser absorbidas, o están involucradas en un pataleo teleológico que no ha concretado una alternativa explícita y viable a Occidente—son el desarrollo económico y los avances tecnológicos. La primera pretende erróneamente ser un medidor de la calidad de vida, pero sólo consigue fortalecer los emporios económicos y el bienestar de los pocos que son salpicados por el poder del dinero. La segunda está sobredimensionada para hacernos creer que el camino por donde vamos es el mejor. Incluso existe una fracción de la comunidad científica que es tan babosa de creer que los grandes descubrimientos e inventos que nos quedan por develar se podrían contar con los dedos de las manos.

determinación a mejorar

Bueno, ya está bien de lloriqueos, que este libro no es un recordatorio de nuestra patética situación.

Este libro es una propuesta indecente. El mundo está en crisis, entonces habrá que reinventarlo, que volverlo a soñar.

La historia también nos ha enseñado que las civilizaciones surgen, tienen una fase de apogeo y luego decaen. Occidente parece estar en esta última fase. No pretendo negar los avances de Occidente, pero es hora de un cambio. Estamos estancados culturalmente, y la única manera de reactivar nuestro potencial e imaginación es tomando otro camino. Si bien ahora estamos en uno sin salida, tenemos las bases que pueden preceder a una civilización poderosa y desarrollada a un nivel espacial. Es cuestión de no aferrarnos ciegamente al modelo actual, y de no ahogar otras posibilidades de desarrollo más eficientes.

La transición entre una civilización decadente y una emergente generalmente está acompañada de violencia y conflictos. Sin embargo, yo creo que nuestra especie tiene las capacidades para evitar esta innecesaria tradición—falta ver si tenemos las pelotas para hacerlo. Y es aquí donde encaja esta propuesta. Lo que pretendo con este libro es plantear un experimento que permita hacer la transición—entre la Civilización Occidental y su sucesora, cualquiera que ésta sea—de una manera eficiente, fácil de aplicar, no violenta y, sobretodo, divertida.

El experimento consiste en crear un tipo de sociedad que sea más eficiente que Occidente en el sistema económico y en la organización sociopolítica—esto corresponde al segundo y tercer capítulo respectivamente. Se deriva también la necesidad de encontrar un camino científico y tecnológico superior, lo que será discutido en el cuarto capítulo. Además, se requerirán algunos cambios en nuestro comportamiento interpersonal, y nuestro desarrollo mental y educativo, que es el tema del quinto capítulo. En el último capítulo se especifica más el experimento.

El crear conscientemente una nueva civilización es algo ambicioso, pero no por eso imposible o complicado. También puede sonar relativo aquello de crear una sociedad mejor, ya que entramos en una definición que es absolutamente subjetiva. Pero para no ahondar en este tema, que resultaría inoficioso ahora, tomo como objetivos del experimento tres puntos: el crear una sociedad donde haya una paz y cariño absolutos; el que en ella se desarrollen todas las actividades humanas sin deteriorar en lo mínimo el medio ambiente; y, como punto de referencia con Occidente en el ámbito del desarrollo, el superarlo rápidamente en la carrera espacial.

Escojo este último objetivo porque además de ser mi sueño desde muy temprana edad—y estoy seguro que también es el de muchos—creo que el poder viajar por el espacio es representativo de un nivel de desarrollo óptimo. Para ser una civilización espacial no basta con desarrollar una tecnología de propulsión avanzada. Para serlo tendremos que desarrollar las ciencias en todo su espectro; crear una sociedad armoniosa; y ser eficientes tanto en el manejo de los recursos naturales como en el aprovechamiento del potencial humano. Es estúpido pensar en que se pueden realizar viajes intergalácticos mientras nos estamos matando aquí abajo y destruimos el planeta.

metáfora del champiñón

Habiendo esbozado el contenido del libro y definido unos puntos de referencia, sólo me queda explicar el título de este capítulo: fuerza champiñón.

Lo único que nos está impidiendo desarrollarnos en serio y disfrutar la vida, el cariño, la paz y la naturaleza; es el miedo. Tenemos miedo de desechar los fundamentos de nuestra sociedad, de lo desconocido, de arriesgar todo y dedicarnos a disfrutar la vida; tenemos miedo de que exista la perfección, de llegar a un punto tal que todas nuestras perspectivas sean positivas.

El miedo es nuestro gran depredador. Comienza por hacer que subestimemos nuestra capacidad de soñar e imaginar. Luego acabamos cagados del susto; aferrados a unas reglas que nosotros mismos inventamos y que, ilusamente, llamamos realidad. A muy temprana edad empezamos a olvidar que todo es posible y mágico. Nunca tendríamos que dejar de ser niños; no hace falta madurar tanto. No si vamos a vivir el resto de nuestras vidas con miedo a ser libres hasta el punto de definir nuestro futuro.

Aquí es donde entra la metáfora del champiñón. De todos los organismos, el champiñón es el que más admiro (en realidad el champiñón sólo es el fruto de los hongos, que son organismos bastante complicados y cuentan con un sinfín de especies, pero en aras de la simplicidad, los denominaré champiñón). Estos crecen en otros organismos en descomposición, en excrementos, en cualquier lugar, y bajo cualquier circunstancia que consideres imposible de albergar vida. Es precisamente esas ganas de vivir, esa determinación a luchar, lo que quiero que copiemos. Análogamente, si nuestra sociedad es un caos, tenemos que retoñar para crear una civilización poderosa y cariñosa.

El experimento que propongo no es difícil de conseguir, pero sólo será posible si en nuestra sangre corre esa fuerza que no se detiene ante nada, y esa magia que no conoce imposibles. Facultades estas que hicieron posible nuestra evolución, pero que en la actualidad veo mermadas en nuestra especie. Siento que nuestro único motor hoy es el de obtener dinero, como si éste fuera el aire que hace posible nuestra existencia. Pero los poderes de imaginar, soñar y luchar por éstos se diluyen progresivamente en una sociedad conformista y que tiende a homogeneizar.

Fuerza champiñón, una sobredosis de ganas de vivir, es lo que necesitamos para cambiar la atroz y mediocre imagen descrita al comienzo de este capítulo. Si queremos un mundo mejor tenemos que movernos. Llorando y suponiendo no lo vamos a cambiar, como tampoco esperando a que baje un dios emputado a poner al planeta en orden. La vida es lo que queramos que sea; pero sólo tenemos una, y la tenemos ahora. Si queremos que la vida sea un sueño de felicidad y cariño, tenemos que luchar hasta conseguirlo. La palabra «utopía» la inventó un impotente...

Conviene aclarar a qué me refiero por luchar. Si bien el concepto que tengo de Occidente es el de una civilización cansada y decadente, y quiero proponer una alternativa a ésta, no lo hago desde un punto de partida resentido ni cargado de odio. Hay quienes creen que las mejores obras se hacen en momentos de desespero, furia y depresión. Yo no; yo creo que las mejores obras se hacen después de un buen orgasmo. Con esto pretendo ilustrar que para crear una civilización mejor tenemos que partir con un entusiasmo voraz, no con un resentimiento fundamentalista. Más que destruir o luchar contra Occidente, hay que construir otro camino. Y hay que hacerlo con cariño y mucha risa. De lo contrario, bien podremos crear otro camino, pero éste nos conducirá a la misma mierda.

Finalmente, debo aclarar que las ideas, enfoques y prácticas planteados en este libro no son definitivos ni dogmáticos. Será en la planeación y, principalmente, en la ejecución del experimento donde se definirán. Quizás debería escribir este libro en 20 o 30 años para poder elaborar más su contenido.

Pero no trato de escribir un buen libro, sino que hagamos una obra imponente y divertida.

Cualquier sugerencia, complemento o contradicción a mi planteamiento es bienvenido. El objetivo de este libro, que es más un documento de trabajo, es precisamente obtener ayuda de quienes estén interesados en dejar de lloriquear y hacer algo realmente. ¡Fuerza champiñón!

de economía a ecosistemas

El primer paso para abonar el terreno de donde surja una civilización superior es reconsiderar el sistema económico actual. El modelo occidental implica ciertas ineficiencias y complicaciones que están frenando nuestro desarrollo. Se pueden presentar diferencias en este punto, ya que hay algunos que creen que edificios, autopistas y más dinero son representativos del desarrollo. Pero si tenemos en mente que el objetivo es convertirnos en una civilización espacial, de poco sirve el dinero en sí a no ser que lo vayamos a usar como combustible.

En este punto de nuestra evolución como especie con una alta organización social, la reestructuración económica de nuestra sociedad es de vital importancia. Si bien en el pasado la transición entre un periodo y otro muchas veces fue acompañada por un ajuste económico, ahora tenemos que ser más radicales y conscientes de los cambios que debemos realizar para obtener una mayor eficiencia.

La diferencia entre el pasado y hoy es que nunca antes una civilización había girado en torno al dinero y a sus actividades económicas. Sin entrar en juicios éticos, se puede afirmar que la prioridad de nuestra sociedad es la economía. La arquitectura es un buen medidor en este sentido: para muchas culturas su obsesión fue el más allá, dios o la defensa de su territorio—por eso vemos pirámides en Egipto, catedrales en Europa y una muralla China. Hoy, los centros de negocios toman forma de rascacielos para demostrar su poderío y nuestra dedicación al dinero.

Este culto podría ser válido como cualquier otro. Pero sus implicaciones ambientales, sociales y las que tiene sobre el individuo están haciendo que nuestro desarrollo tome un desvío innecesario.

Para desarrollarnos profundamente tenemos que cambiar nuestra prioridad: de economía a ecosistemas. Y para que esto sea posible es necesario partir de un dominio ecosistémico y de ahí derivar la economía humana.

tierra es un organismo

Es hora de comenzar a entender la vida como algo más integral. La vida no es un organismo o una especie, sino una fuerza que se representa en distintas formas. Desde los átomos—pasando por moléculas, genes, células, órganos, organismos, especies, ecosistemas, planetas, sistemas solares, cúmulos de estrellas, galaxias y cúmulos de galaxias— hasta llegar al universo en su totalidad, todo está vivo, y todo lucha por sobrevivir y por perpetuar la vida. El límite de nuestro organismo no es nuestra piel, y nuestra supervivencia depende directamente de nuestra relación con otras personas, especies y con el planetita en que vivimos. Somos parte de un complejo sistema de vida.

Definimos organismo como una entidad que nace, crece o/y se desarrolla, se reproduce y muere. De igual manera, las células en nuestro cuerpo nacen, crecen o/y se desarrollan, se reproducen y mueren. ¿Son nuestras células organismos dentro de nuestros cuerpos? Sí; son formas de vida dentro de otra. Los humanos y todos los demás organismos que poblamos este planeta nacemos, crecemos o/y nos desarrollamos, nos reproducimos y morimos. Análogamente, somos "células" dentro de este organismo que llamamos Madre Tierra. Tierra es un organismo; un ser viviente; una forma de vida superior a la nuestra. Por superior no me refiero a que sea mejor o más importante, sino que comprende un nivel de complejidad mayor. La vida es una sola en todo el universo, y en éste la única prioridad es que siga habiendo vida, sin reparar en cómo se manifiesta.

Si tus células de repente tuvieran el razonamiento que tenemos los humanos—no es que las células no tengan razonamiento, sino que es distinto al nuestro, y su percepción del universo es diferente—¿cómo podrían ellas saber que son parte de tu cuerpo? ¿qué pruebas necesitarían para aceptar que forman parte de un organismo superior? Aparentemente es imposible, al no ser que entendieran cuál es su función en tu cuerpo. Quizás podrían desarrollar ciencias y tecnologías; un día podrían incluso construir una "nave espacial;" salir de tu cuerpo; tomar fotos de tu cuerpo; y regresar jubilosas. Tus células pensarían que el universo es un espacio peculiar; con "planetas" que tienen la forma de tu silueta, y las siluetas de las otras especies que habitan Tierra. Sólo si tus células supieran que sus necesidades de supervivencia y sus impulsos naturales responden a unas funciones vitales a ti, entenderían ellas que son células en tu cuerpo. ¿Cómo le explicarías a un glóbulo rojo tuyo que es un glóbulo rojo y no el centro del universo? ¿Cómo lo convencerías de que te tratase con cuidado?

Pero no tienes que aceptar que Tierra es un organismo. Si bien yo creo esto, no es mi intención convencerte de ello. Lo describo simplemente porque considero que es una metáfora útil para entender el nivel de interrelación en el que evoluciona la vida de nuestra especie. Además, me parece que esta perspectiva nos puede ayudar a relacionarnos más cariñosamente con nuestro entorno, que es un requisito de primer orden para un buen manejo de los recursos naturales. Más que vivir, tenemos que convivir. Convivir entre nosotros, con nuestro planeta y más adelante con el universo.

Aquí tengo que abonarle crédito a Occidente, pues la gente entiende cada vez más la relación de nuestra especie con el medio. Hasta tal punto evidenciamos esto hoy, que inclusive las multinacionales— acusadas de ser las primeras en contaminar—tienen

puesto en su agenda el buscar una eficiencia ecológica. Si este proceso no avanza a la velocidad que
quisiéramos, no es sólo por falta de una férrea determinación institucional, sino porque los mismos
consumidores funcionamos dentro de este sistema
ineficiente. Ejemplo: atacamos a las petroleras, pero
todos montamos en carros y demandamos exagera-
damente derivados del petróleo.

Occidente ha comenzado a evidenciar una conciencia ecológica que con un poco de sacrificio puede
evolucionar en una sociedad eficiente. Poco a poco
comenzamos a entender que la biodiversidad—entendida como biomasa o como número de especies—
juega un papel prioritario en la conservación de los
ecosistemas a largo plazo; y que nuestra supervivien-
cia depende directamente de esto. Tenemos que cuidarnos de no proteger la biodiversidad simplemente porque puede representar una fuente de capital,
como es la tendencia hoy en día.

A pesar de nuestra progresiva concientización
ecológica, nuestras actividades económicas siguen
perjudicando al planeta. En nuestro precario entendimiento de Tierra y sus mecanismos bióticos,
hemos llegado a derivar que cada día mueren muchas especies y que otras tantas surgen. El tiempo
de vida de una especie es hasta hoy impredecible,
pero el proceso humano de depredación sistemática
e industrial está imponiendo un ritmo superior a lo
que puede sostener un ecosistema. Si bien una era
glacial implica una disminución en la biodiversidad,

ésta no aparece en unos cuantos años. En los últimos siglos hemos modificado radicalmente la apariencia de la mayoría de los ecosistemas de nuestro planetita, y lo hemos hecho de tal manera que hemos mermado la biodiversidad.

Para enmendar este daño ecosistémico los humanos tenemos que empezar por aceptar que sólo somos un animal más que habita Tierra. A pesar del desarrollo y peculiaridades de los humanos, sólo somos una especie más de los millones que conviven en nuestra Madre Tierra. La vida en este planeta no se ajusta a nuestra supervivencia. De igual forma que surgimos los humanos, nos podemos extinguir.

El actual deterioro de la biodiversidad que estamos causando lo justificamos por la creciente demanda de recursos que nuestro desarrollo implica. Tomamos recursos del planeta porque, como cualquier otra especie, estamos decididos a sobrevivir. Pero la manera en que lo hacemos está determinada por las características que presenta nuestra especie: un mamífero superior que se ha adaptado a casi todos los ecosistemas terrestres del planeta, y que al mismo tiempo ha desarrollado unas capacidades de raciocinio y de imaginación considerables.

En la carrera evolutiva hemos contado con los comodines mencionados antes, y es así como a partir de los homínidos la lucha por la supervivencia en el planeta Tierra ha contado con organismos que tienen la capacidad de moldear su entorno y crear herramientas. Hasta aquí no hay nada torcido: sólo estamos intentando prolongar nuestra existencia como especie, lo cual está escrito en mayúsculas en el código genético. Sin embargo, teniendo en cuenta la destrucción ecológica que estamos causando, debemos detenernos, revaluar y replantear nuestra posición frente a la carrera evolutiva. Nuestra permanencia en el planeta y la posibilidad de expandirnos por el espacio depende de nuestra adaptación y relación eficiente con el medio donde vivamos—primero aquí en Tierra, y luego en cualquier rincón del universo. El sistema económico actual aún no ha alcanzado un nivel de eficiencia en nuestra relación con los ecosistemas, y es por eso que requiere una reestructuración urgente.

economía humana actual

Para comenzar a explicar los cambios necesarios en la sociedad occidental, con miras a alcanzar una sociedad ecológicamente eficiente que pueda obtener desarrollos tecnológicos muy superiores a los actuales, hay que replantear el concepto de economía. La economía se define comúnmente como la ciencia que estudia la localización y el manejo de recursos para la producción de bienes y servicios que demanda una sociedad. Por recursos se entiende el capital, las materias primas y el trabajo.

El capital, el dinero, es un concepto que en los últimos tres milenios ha facilitado el intercambio de productos y la acumulación de bienes. A medida que las sociedades humanas fueron aumentando en tamaño y organizándose en estructuras más complejas, surgió la necesidad de intercambiar productos para garantizar el sustento de la población. En un principio este intercambio se hacía de manera directa: una cosa por otra. Pero para que este intercambio se efectuara, las demandas y ofertas de las dos partes tenían que coincidir. Los metales siempre eran útiles, por lo que sirvieron como puente para el intercambio, ya que alguien podía dar algo a cambio de algún metal para cambiarlo más tarde por algo que necesitara. Así surgieron las monedas, que tenían un valor real: su peso. Con el tiempo el aumento exponencial del comercio generalizó el uso de las monedas.

Otra ventaja latente del dinero era la capacidad de acumular. Si alguien tenía un sobrante de producción de su tierra, esta se perdería, ya que la mayoría de los productos son perecederos. Con el dinero este inconveniente se superó y la acumulación de bienes a través del tiempo fue posible. El descubrimiento de América, la Revolución Industrial y la creación del banco (y por consiguiente del crédito) causaron que la economía agrícola pasara a un segundo plano, siendo sustituida por la economía capitalista industrial. El dinero entonces se consolidó como el fundamento de una sociedad orientada a la producción y consumo de bienes.

El fortalecimiento de la industria y las nuevas tecnologías de producción, que resultaron en la producción en serie, significaron una demanda de recursos cada vez mayor. Por otra parte, las técnicas de mercadeo y publicidad han hecho que el Sueño Americano se expanda por nuestra sociedad como un cáncer. Hoy Occidente es una civilización casi global que transpira su idolatría por el consumo; que no se detiene para considerar las implicaciones que sus hábitos de extracción de recursos puedan tener para las generaciones futuras.

Es así como vivimos trabajando para el dinero. Pero el primer paso hacia el imperio del dinero se dio mucho antes y quizás coincidió con la comercialización del sexo. Hoy en día, la prostitución es la menor enfermedad en una sociedad que mide todo en términos de dinero, desde la muerte hasta la vida—en la actualidad, en muchos países se pueden patentar organismos. La única cosa que no podemos realmente comercializar hoy es el cariño. Pero si seguimos en esta sociedad capitalista estoy seguro que, de algún torcido modo, seremos capaces de dar ese último paso y convertirnos en las putas perfectas...

Nuestra demanda de materias primas ha significado una pérdida de ecosistemas que sólo nuestra especie puede hacer alarde de haber causado. En nuestro conocimiento histórico no existe otra especie que haya sido tan perjudicial y destructora. A pesar de saber que estamos contaminando, las actividades industriales siguen siendo una prioridad inamovible de nuestra sociedad.

Los seres humanos hemos conseguido mantener un desarrollo económico lineal en los últimos milenios (aunque cuando no hay dinero nos asustamos y decimos que es una recesión) porque nuestra población sólo se ha disparado en los últimos siglos. Pero el futuro no será agradable si no cambiamos nuestro desarrollo y si seguimos disminuyendo la vida en este planeta, mientras nuestra población y demanda de recursos siguen creciendo.

Por otra parte, la fuerza laboral, el trabajo de los hombres, es una variable más en la cadena de producción. Fenómenos como el desempleo o la explotación del trabajador han sido asumidos como externalizaciones del sistema capitalista. Si bien el comunismo introdujo una reconsideración de la importancia de los trabajadores—que resultó en una mejoría en las condiciones para el trabajador—ni la teoría comunista ni sus aplicaciones presentan una alternativa a la sociedad industrial en que vivimos. El comunismo es simplemente el otro lado de la moneda capitalista; la disputa es por quién debe tener la moneda.

Los humanos hemos conformado una sociedad cuyo objetivo final es el desarrollo económico a través del capital y la industria. Si unos extraterrestres hicieran un reporte de nuestra civilización, el dinero sería indudablemente nuestra piedra angular. El objetivo hoy es alcanzar un nivel económico, que es lo que nos permite realizar cualquier actividad. Cosas tan elementales para una especie como lo son el disfrutar la vida (signifique esto cualquier cosa), comer, tener un hijo, educarse, viajar, etc., están determinadas por el nivel económico de cada individuo.

La sociedad occidental, cada vez más adicta al consumo, parece estar resignada a arrodillarse ante el dinero. La tendencia actual es la formación de gigantescas multinacionales que, de seguir por donde vamos, galvanizarán y controlarán cada aspecto de nuestra sociedad. La importancia del estado está siendo relevada por las multinacionales, que son quienes generan capital. Se comienza a hablar de un neofeudalismo, donde los señores feudales son las multinacionales; y los marginados, todos aquellos que no ocupan un buen puesto.

Debo aclarar que las multinacionales no son más que un producto humano. Juzgarlas o a quienes las controlan no sería justo, ya que como dije antes, todos participamos en este sistema económico que hemos creado. Las multinacionales simplemente son un actor más en la estructura polar—donde por definición hay actores con poder y otros sin—que heredamos de nuestros antepasados. Estas plazas de poder fueron ocupadas antes por gobernantes o líderes religiosos. Tenemos que modificar este sistema jerárquico; pero buscar la solución no consiste en inculpar, sino en entender que el problema es algo estructural.

En resumidas cuentas, nuestra economía—la relación con los ecosistemas de nuestro planeta—se proyecta desde un punto absolutamente antropocéntrico. Las variables ecológicas sólo han comenzado a coger peso en las tres últimas décadas, y aún no son lo suficientemente relevantes como para restringir aquellas actividades que sabemos perjudican—o pueden perjudicar—los ecosistemas que habitamos.

ecosistemas

Para alcanzar una eficiencia ecológica tenemos que tachar la definición de economía, y redefinirla como parte de una disciplina más compleja: ecosistemas. La economía humana es simplemente una fracción de los ecosistemas, e inversamente, los ecosistemas son la sumatoria de las economías de muchas especies. Todas las especies tienen una economía que se basa en extraer recursos, ayudar a sostener estos recursos, y devolver residuos utilizables al ecosistema; y esta economía siempre está interrelacionada con las economías de otras especies. Las relaciones simbióticas son una constante en la naturaleza, no podríamos sobrevivir solos. La vida es una sola.

El principio madre de la eficiencia es el respeto por las economías de las otras especies, un respeto en el que se da y se toma en igual proporción. La eficiencia consiste en integrarse en el ecosistema y operar dentro de él según sus propios mecanismos, no en adaptarlo exclusivamente a nuestras necesidades.

Nuestra visión antropocéntrica ha hecho que en los análisis económicos sólo consideremos las necesidades humanas, y miremos los recursos naturales como un insumo lineal cuya vida comienza cuando van a ser tomados; pasan por manufacturación, venta y compra; y concluyen cuando su uso expira. Este es un error que debe corregirse ya. Somos una especie que no entiende que hay que cuidar los recursos, que hay que estar sincronizados con los mecanismos de regeneración de vida del planeta.

Si de repente unas bacterias decidieran que necesitan consumir todo el oxígeno del planeta para poder desarrollar cierta infraestructura e industrias que les permitieran acumular capital, seguramente pensaríamos que tendrían que comer mucha mierda. Los humanos hacemos lo mismo con muchos recursos y estamos ahogando las economías de las demás especies. ¡Por favor! Es como cuando le decimos a los niños que compartan los juguetes: el planeta es de todos.

Los cambios que debemos realizar para reorientarnos ecológicamente tendrán repercusiones radicales sobre nuestra sociedad. Pero no hay que tenerle miedo al cambio, es natural que en algunos puntos de nuestra evolución tengamos que detenernos y revaluar nuestras actividades.

El punto de partida de un replanteamiento económico es buscar un desarrollo sostenible. Sostenible significa que el manejo ecosistémico también garantizará la subsistencia de las demás especies—y por ende la de nuestras generaciones futuras—y de tal manera que la extinción de alguna especie o un cambio ecosistémico ocurra sólo por factores intrínsecos de Tierra o de su entorno espacial.

Desarrollo significa una progresiva mejoría en nuestra calidad de vida. Es imprescindible entender que la calidad de vida es dada por nuestra percepción y el uso de algunas variables materiales (calidad ambiental, comida, vivienda y algunos utensilios) y otras intangibles (cariño, educación, esparcimiento, paz y salud). En estos momentos los análisis económicos no tienen en cuenta la calidad ambiental, el cariño y la paz—porque éstas no son cuantificables; y la salud, educación y comida se cuantifican sin importar la calidad, el beneficio o la diversión que les acompañe. En un sistema económico nuevo debemos considerar que el cariño, el tener aire puro, el vivir sin la agobiante violencia, etc., son más importantes que la cantidad de televisores o carros que tengan los habitantes de una región. Tenerlos en exceso no sólo es ineficiente para el ecosistema, sino que no suele representar una mejoría latente en la calidad de vida. Tendríamos que concentrarnos primero en "las cosas pequeñas" que nos hacen disfrutar la vida, y luego sí construir aquellas que necesitemos para progresar.

Los economistas siempre se han caracterizado por suponer demasiado, pero ya es hora de que la economía se convierta en una ciencia empírica. Los economistas, que no deben ver en estas ideas una boleta de desempleo, tienen que convertirse en planeadores de nuestras necesidades, los recursos disponibles, y como éstos pueden convergir. No pueden ser simplemente artesanos de modelos. Y el trabajar con necesidades y recursos como un sólo concepto se debe hacer a niveles comunitarios y regionales, no a niveles nacionales y globales. Se deriva entonces que la economía tendrá que estar supeditada a la ecología. La eficiencia ecológica consiste en dejar que los mecanismos naturales de los ecosistemas operen más libremente. De esta forma también estaremos minimizando el esfuerzo para obtener los recursos que necesitemos.

dinero

El primer paso para alcanzar un desarrollo sostenible es abolir el dinero. El dinero es un invento humano; no un elemento natural de supervivencia. Si las otras especies pueden vivir sin él, nosotros también podemos. No somos inferiores para no poder hacerlo, ni superiores para insistir en su importante beneficio.

Es imperativo acabar con el dinero pues éste representa un valor subjetivo humano que no puede evaluar representativamente a otros organismos ni sus necesidades. No podemos continuar monetizando la vida según nos convenga. La vida no tiene precio, y el asignarle uno la prostituye.

Una sociedad sin dinero no acumula: tiene un manejo de recursos óptimo. La acumulación implica que producimos más de lo que necesitamos en un período de tiempo determinado. En otras palabras, gastamos más recursos de los que necesitamos; lo que representa un menor número de recursos para las generaciones futuras, y una necesidad en el presente de aumentar artificialmente la producción de dichos recursos.

Además de la lucha de poder que genera la ambición por tener más dinero—que se traduce en violencia, guerras y rompimiento de los núcleos familiares y sociales—éste presenta otra ineficiencia en nuestra civilización: nos ajena de la utilidad del trabajo y de las cosas. Nuestra sociedad trabaja por dinero, no por obtener lo que necesita. Por ejemplo, al no trabajar directamente en obtener nuestra comida, no la apreciamos como tal, sino el dinero que la compra. No es la utilidad de las cosas sino el conseguir y tener lo que nos mueve. Trabajamos mucho pero no disfrutamos lo que tenemos; de ahí que los gatos nos consideren las criaturas más imbéciles del planeta—y no están equivocados.

Jocoso como suene, el nominador de nuestra sociedad debe ser el cariño y no el dinero. Ahora: los modelos, proyecciones y curvas que tanto aman hacer los economistas quedarían obsoletos, ya que el cariño no es cuantificable. Pero tampoco es necesario tener una fórmula matemática que nos diga si hemos progresado o no. Lo que importa es que nos sintamos mejor y que dejemos a nuestros hijos una sociedad mejor de la que recibimos. Cada vez hay más dinero en el sistema monetario mundial y mayor número de productos accesibles al consumidor, pero un padre de familia cualquiera estaría de acuerdo conmigo en afirmar que la sociedad que estamos legando a nuestros hijos no es necesariamente mejor. Si no lo creen, pasen un día entero con ellos.

Quizás los economistas, y los líderes políticos e industriales dirán que es imposible despedirse del dinero. No lo es. Quizás algunos dirán que no tenemos que ser tan radicales, que podríamos desarrollar un sistema mixto. El dinero es o no es, pero no negocia. Es como la preñez: o lo estás o no lo estás, pero no puedes estar un poco preñada.

El abolir el dinero puede ocasionar un caos social. A esto lo único que puedo decir es que tenemos que aguantarnos el totazo: a veces en la vida hay que tener pelotas. Es parte de nuestra responsabilidad el asumir las consecuencias de corregir un grave error que perjudica a todas las formas de vida en este planeta. Tendremos que acabar con el dinero; y no podemos hacerlo de una manera progresiva: los mecanismos encargados de mantener la cohesión y perpetuación de un sistema no permiten que se modifiquen sus cimientos, y el dinero es la base de la Civilización Occidental.

Por más doloroso que resulte el abandonar el dinero, no podemos permitir que éste siga causando estragos en nuestra sociedad y en nuestra Madre Tierra. Pueda que el dinero tenga algunos beneficios, pero sus implicaciones negativas alcanzan tal magnitud que no podemos titubear. ¿Qué es lo peor que nos puede pasar si descartamos el dinero? Estoy seguro que las consecuencias no serán peores de lo que evidenciamos hoy.

A todos aquellos que no pueden concebir un mundo sin dinero, les recuerdo que las cosas no se hacen con dinero sino con trabajo.

autosuficiencia

La ausencia del dinero presenta una traba radical para el comercio exterior, ya que un sistema de intercambio no es eficiente a la hora de intercambiar productos en un mercado abierto global. Esto preocupará a muchos economistas, políticos y multinacionales. Lo siento, pero precisamente no debe haber comercio. Contrario a la idea de que la eficiencia se consigue al tener un mercado global—donde los recursos son distribuidos perfectamente, la producción maximizada, y los costos minimizados, ya que se aprovechan las ventajas comparativas de cada región—el comercio es ineficiente y sólo sirve para alimentar un sistema capitalista antropocéntrico donde la preservación ambiental no es una prioridad.

El comercio implica una sobreexplotación del ecosistema porque hay que extraer más recursos para exportarlos, e implica una mayor contaminación tanto al incrementar la producción como al transportar estos bienes. También significa una mayor demanda de energía. La producción de energía, desde plantas de carbón hasta reactores nucleares, es una de las actividades humanas que genera más polución.

Al abolir el comercio surge necesariamente la pregunta de cómo vamos a conseguir las cosas que necesitamos. Entonces, cada comunidad deberá producir todo lo que necesite utilizando los recursos que le ofrezca su ecosistema. Para esto tendremos que concentrarnos en aprender a producir todo lo que queramos, pero sólo con los recursos presentes en nuestro ecosistema. Este sistema de producción seguramente presentará un menor número de productos para escoger y un ritmo más lento de producción que un sistema capitalista. Si nos demoramos más es porque somos lentos para aprender; porque nuestra limitación de recursos requiere una innovación tecnológica en términos de materiales; o porque simplemente hay que esperarse un poco más. No pasa nada. El afán consumista nos ha hecho creer que tenemos que tener todo al instante. Si nos toca esperar y no tener los mil productos que una economía de mercado capitalista ofrece, esperaremos y punto. El manejar los recursos sostenible y responsablemente es más importante que el poder acumular más cosas.

Tenemos que desarrollar una autosuficiencia en todas las regiones del mundo. Cada comunidad deberá producir lo que necesite, cada ecosistema deberá ser mantenido para que produzca los recursos requeridos por la comunidad y las especies que allí habitan—el área de autosuficiencia debe ser determinado por las características propias del ecosistema. Esto es eficiencia en su mejor momento.

Una autosuficiencia de recursos también tendría que ir acompañada de una extracción de recursos recíproca: tendremos que dar al ecosistema en la misma intensidad en que tomamos de él; y asegurarnos de que lo que demos sea requerido por el ecosistema—de lo contrario es polución. Nuestros residuos naturales (desechos orgánicos, carbono, materia, energía, etc.) son materia prima en el ecosistema; estos son reciclados por otras formas de vida y usados como su sustento. Residuos tóxicos, nucleares y algunos sólidos en cambio son letales para los ecosistemas de Tierra, y no existe justificación alguna para continuar produciéndolos. Intentos como los de reducir la emisión de carburos en la atmósfera, control de disposición de residuos nucleares y reciclaje de materiales sintéticos son un noble acto de fe, pero son insuficientes. Hay que ser más radicales y abolir cualquier actividad que perjudique al ecosistema o a alguna otra especie.

Nuestros análisis económicos jamás han incluido concienzudamente una evaluación de la importancia de mantener un equilibrio ecosistémico. Consideramos el maximalismo de la producción, pero no el retorno de nuestros desperdicios—nuestro aporte al planeta. Los EE.UU. están catalogados como la mayor potencia económica por su producción industrial. Sin embargo, es el país que tiene los mayores índices de basuras y consumo de energía per capita.

Estamos equivocados seriamente. La eficiencia consiste en no desligar la toma de recursos de la producción de desechos—que en relaciones ecosistémicas son una misma cosa—y se obtiene al minimizar los recursos extraídos y asegurarse de que los desechos sean absorbidos inmediatamente por el ecosistema.

trabajo

Otra ventaja de un sistema no monetario es que se elimina el desempleo. El desempleo que presenta la Civilización Occidental reside en que trabajamos por dinero, y cuando ésta escasea el trabajo también lo hace—el viejo paradigma de desempleo e inflación. Pero por definición no puede existir el desempleo, ya que nadie es inútil y todos podemos realizar alguna actividad que beneficie a nuestra comunidad.

La solución es que todos trabajemos en la producción de alimentos, la educación y en algo que nos guste. Todos debemos trabajar un poco en la producción, procesamiento o preparación de alimentos, ya que somos animales y todos necesitamos comer. No puede haber parásitos en una especie tan creativa e inquieta como la humana. La idea de especialización de tareas no excluye a nadie de realizar lo único que necesita hacer para sobrevivir: conseguir comida.

El cuidar y educar a los niños—que lo hemos venido haciendo muy mal—debe ser una labor social para poder reforzar mejor algunos valores como el cariño y el respeto. Si el fin es vivir pacíficamente en sociedad, participar directamente en la enseñanza de los fundamentos que lo hagan posible es asunto de todos. Por otra parte, todos tenemos algo que queremos aprender y algo que podemos enseñar a los demás. La educación es un determinante que mejora la calidad de vida ya que ayuda a la realización del individuo, y en el sistema planteado aquí nos permitirá producir las cosas que necesitemos.

Después de dedicar tiempo a la producción de alimentos y a la educación (tanto enseñar como aprender), cada individuo tendría que trabajar en algo de su vocación—aquí es donde entra la especialización del trabajo. Todos tenemos una vocación, sólo que en el sistema actual no siempre se puede hacer lo que se quiere porque hay que trabajar para ganarse el sustento. Esto resulta en un ineficiente desperdicio del potencial que cada uno de nosotros lleva adentro. ¿Cuántos artistas, científicos o deportistas más no tendríamos si el dinero no fuera una necesidad?

agricultura

La industria agrícola de Occidente se caracteriza porque, en el afán por aumentar los índices de productividad, nos complicamos mucho e interrumpimos los mecanismos naturales de regeneración de los ecosistemas. En la actualidad, para obtener un producto agrícola se necesitan semillas mejoradas, fertilizantes, herbicidas, plaguicidas y conservantes, entre otros.

Sin embargo, no podemos olvidar que el objetivo de la agricultura es alimentar a la población, lo que no estamos consiguiendo. Tecnología agrícola avanzada existe, pero el hambre y la malnutrición continúan con nosotros porque los mecanismos de distribución y venta de alimentos siguen siendo los mismos. Erradicar el hambre no es cuestión tecnológica sino estructural.

El problema alimentario del mundo no se puede desligar de algunos factores como lo son la sobrepoblación; la erosión causada por prácticas agrícolas no ecológicas; el no tener dinero para usar los costosos y antiecológicos insumos que requiere la agricultura occidental; la mala distribución demográfica de nuestra especie; y nuestros hábitos alimenticios que se caracterizan por una mala dieta.

Estos factores se traducen en un manejo de recursos ineficiente que hace imposible erradicar el hambre y la malnutrición. Erradicarlos es quizás el reto más importante que tenemos que afrontar, ya que aunque sigamos siendo el centro del universo, seguimos necesitando comer. Desafortunadamente para nuestros intereses, no podemos alimentarnos de nuestro propio ego. Entonces, el camino más viable para suplir nuestras necesidades alimentarias es un retorno a la economía agrícola local. Es importante desmentir la idea de que una sociedad agrícola implica una desaceleración científica y tecnológica.

En los últimos años, prácticas agrícolas naturales han comenzado a coger auge en las esferas científicas, y en algunos sectores de los consumidores y productores. Esto se debe a que la agricultura tradicional, así no presente los mismos índices de productividad que la tecnificada, representa un menor impacto ambiental e implica una dieta más balanceada: el campesino o agricultor tradicional maneja un número mucho mayor de especies que un productor industrial.

El medio nos proporciona los alimentos que necesitamos; sólo tenemos que asegurarnos de no atrofiar los mecanismos naturales de regeneración de los ecosistemas y no abusar de las prácticas extractivas. El sobrevivir no es complicado: prueba de ello es que todas las especies que viven con nosotros lo hacen. Nuestras características industriosas y creativas no deben expresarse en una producción agrícola desaforada sino en un entendimiento y manejo natural del hábitat que permitan suplir nuestra demanda alimentaria.

Reestructurar el sector agrícola debe pensarse a pequeña escala; a nivel comunitario y de tal manera que involucre a todos los miembros de la sociedad. Tendríamos que retomar el conocimiento ancestral y tradicional de manejo de recursos que, al igual que el subsuelo, se ha ido erosionando cada vez más. También tendríamos que desarrollar tecnología agrícola adecuada. Finalmente, y lo que nos es más complicado, tendríamos que *compartir* semillas y conocimiento agrícola.

producción industrial

En la actualidad, la tendencia de producción industrial son las multinacionales, que no son más que monopolios con un poder supragubernamental. La carrera económica ha dado luz verde a todo tipo de industrias, con el único fin de generar más capital. Es así como el capitalismo industrial galvaniza hoy nuestra sociedad y hace que produzcamos una infinidad de productos que no son realmente necesarios. Al entrar las compañías en una competencia por abarcar una mayor parte del mercado se genera una irresponsable extracción de recursos que perjudica al medio ambiente. La comercialización de productos se ajusta a estrategias de mercadeo que buscan maximizar nuestro consumo. La producción de bienes en nuestra civilización es un objetivo en sí; no un medio para satisfacer nuestras necesidades.

En una sociedad sin dinero, que no ejerce el comercio y donde todos trabajan en el sector alimenticio, surge una pregunta obvia: ¿Cómo se producen la ropa, herramientas, utensilios básicos y máquinas que se necesiten o que se quieran tener? Tenemos que volver a métodos artesanales de producción. Adiós a la producción industrial. Aquí vale la pena aclarar que artesanalmente también se pueden producir bienes tecnológicos.

Mi primer argumento en pro de la fiesta de despedida de la revolución industrial es cuestión de estética. ¿Quién puede negar que las cosas más hermosas son las hechas a mano, como lo son los Rolls

Royce y los Stradivarius? Es que con las manos le damos vida y cariño a las cosas, don que no pueden emular los robots de producción en línea.

Otra ventaja de la producción artesanal es su eficiencia ecológica. La producción artesanal está orientada a suplir las necesidades de una comunidad, no a expandir ventas y conquistar el mercado global, por lo que la extracción de recursos es mucho menor. Si los materiales que se utilizan provienen del mismo ecosistema, éstos serán biodegradables en mayor medida en que presenciamos hoy. Además, al no haber comercio los empaques serán obsoletos, y éstos representan una cantidad enorme de contaminación, tanto al producirlos como al desecharlos.

La calidad de los productos también es un beneficio latente. Los productos hechos a mano por lo general son de mayor calidad porque su elaboración es evaluada en cada paso. Por otra parte, sin un motor comercializador y contando con un sistema de información adecuado, los productos desarrollados serán más actualizables. Seguramente no se producirán cosas que son obsoletas en el mismo momento de su producción: hoy nos venden tecnología de punta que en realidad estaba disponible hace varios años, pero que necesitan comercializar ahora para recuperar la inversión, y así en un futuro poder vendernos productos que ya están desarrollados pero que todavía no es recomendable comercializar.

Finalmente, una reducción industrial implica una disminución brutal en la demanda de electricidad, que es un sector industrial en sí, y muy importante tanto por su generación de capital como por el deterioro ambiental que causa.

Un sistema de producción artesanal—que no implique un nivel de vida inferior al de una sociedad capitalista industrial—sólo es posible si existe un intercambio de conocimiento entre las distintas comunidades, una buena educación y si el verbo *dar* es conjugado por todos los miembros de nuestra sociedad. Dentro de una comunidad surgirá la especialización de tareas, pero no como algo forzado, sino como un proceso de mediación de las necesidades (determinadas culturalmente) de esa comunidad, y de las inclinaciones de cada individuo. El secreto de este tipo de sociedad consiste en que cada individuo haga lo que le guste, y que lo comparta con los demás.

transición de economía a ecosistemas

En la sección anterior esbocé unos pasos a seguir para reestructurar el sistema económico actual: abolir la plata y el comercio; alcanzar una autosuficiencia de todos los recursos y un equilibrio ecosistémico; y reformar los sectores agrícola e industrial.

¿Te parece bastante simplista? Lo es. De hecho estoy absolutamente convencido de que todo en el mundo no sólo es posible sino fácil. Si algo no lo es, es porque lo estamos haciendo mal. Entonces hay que buscar la manera de hacerlo bien, fácil.

Explicar el procedimiento específico de cómo se debe hacer la transición de una economía humana a una sociedad ecológicamente eficiente sería menospreciar la libertad y creatividad de mis compañeritos de especie. Ante un mismo problema, cada región, cada etnia, cada comunidad puede (y debe) reaccionar satisfactoriamente pero de forma distinta. Por otra parte, sería de pedante o vidente—no intento ser ninguno de los dos—el detallar cómo sería este proceso. Yo sólo quiero hacer hincapié en que dicho cambio es posible y fácil, e invitarte a intentarlo.

Lo único que puedo detallar de la fase de transición es que al quitarnos el peso de encima que significa el dinero, podremos disfrutar de otros valores que tiene la vida. Por ejemplo, el cariño, que nunca se devalúa.

En estos momentos trabajamos demasiado para aumentar la productividad y el capital, pero la calidad de vida no presenta una mejoría latente. Y para complementar esto, la diversión no es nuestra prioridad—quizás eso suene bastante banal, pero no consigo entender por qué somos una especie para la cuál el trabajo es más importante que disfrutar la vida. ¿Será acaso porque somos los más imbéciles?

Los problemas que presenta la Civilización Occidental son latentes y no podemos esperar a que las futuras generaciones los resuelvan. Tenemos que ser nosotros los que encausemos nuestra especie en un camino de desarrollo pacífico, eficiente y divertido, ¿o acaso tienes algo mejor que hacer? Lo único que se requiere de nosotros es no tener miedo. Las consecuencias son lo de menos, luego veremos como solucionamos los problemas que resulten, pero ahora tenemos que desapegarnos de lo material, que tanto daño causa a la vida en este planetita hermoso y juguetón. Si nuestros antepasados sobrevivieron a las eras glaciares, nosotros podemos sobrevivir sin dinero.

organización sociopolítica

Una civilización espacial se incuba en un ambiente ajeno a las presiones impuestas por una competencia interna por dinero y poder. La actual organización sociopolítica implica muchas fallas que son justificadas como efectos secundarios del sistema o imperfecciones humanas al adaptar un modelo perfecto. Ambas excusas son inadmisibles, ya que la función de una sociedad es beneficiar a sus miembros—y para esto debe hacer lo que sea necesario. Como el objetivo del experimento es hacer una transición pacífica y rápida entre dos civilizaciones, paralelamente a una reforma económica debemos reestructurar nuestra organización sociopolítica. Conviene aclarar aquí que al hablar de una nueva civilización no quiero ser pretencioso. Simplemente es la consecuencia obvia de abolir las bases de la Civilización Occidental: el dinero, el estado y el antropocentrismo.

Yo creo que los humanos hemos alcanzado tal nivel de inteligencia y tenemos tal capacidad de dar cariño, que podemos hacer que la transición entre civilizaciones no sea el producto de una dolorosa lucha por poder—como ha sido la costumbre en nuestra especie. Yo confío en que nuestra generación puede sentar un precedente al desprenderse del poder para evolucionar pacíficamente. Este sería el legado más importante que le podemos dejar a nuestros descendientes.

Nuestra organización sociopolítica debe orientarse para gestar una sociedad muy superior a la nuestra. Para esto hay que eliminar la estructura de castas y la idea errónea de que el poder debe estar concentrado; al mismo tiempo que creamos una sociedad que motive y promueva las capacidades de cada individuo.

juego de poder

La lucha de poder que existe entre las distintas especies y dentro de una misma especie es recurrente en la naturaleza. Sin embargo, en los humanos la lucha interna ha dejado de ser un mecanismo de supervivencia. Nuestro afán de poder está motivado por demostrar la supremacía del individuo; es un objetivo en sí.

Si somos un animal sociable es porque obtenemos algunos beneficios de vivir en sociedad. Principalmente: el cariño, el conocimiento y una sensación de protección. Entonces, para vivir pacíficamente en sociedad tendríamos que balancear los intereses personales con los de la comunidad— estos últimos implican por definición un beneficio para el individuo. No debemos promover los intereses sociales cuando éstos esconden los de unos cuantos individuos, lo cual ha sido reiterativo en nuestra historia.

El dinero no es el único mecanismo en nuestra sociedad para acumular poder, aunque sí es el más versátil. También existe el poder político, que es el que le otorgamos a un individuo o a una institución para que nos gobiernen. El poder económico y el político se compaginan y operan según las mismas reglas de juego, por lo que al desarrollar una sociedad sin dinero se crearán algunos vacíos que harán necesaria una reestructuración sociopolítica.

Para establecer un nuevo tipo de sociedad hay que simplificar la relación individuo-sociedad y atarla a objetivos concretos. La política, al igual que la economía, se ha convertido en un área abstracta y teórica. Patéticamente aceptamos esta condición, olvidando que nuestras necesidades sí son reales. Es lo que en teoría de juegos se denomina coprosistema: unos hablan mierda y los otros se la comen.

Conviene aclarar aquí que si propongo acabar con el poder, me refiero al institucional, no al que es innato a cada individuo. Debemos fomentar el poder que no se consigue quitándole el de los demás o a través de mecanismos institucionales; me refiero al poder del individuo como ser viviente que lucha por demostrar que está vivo.

trayectoria

Los humanos, al igual que muchos otros organismos, en algún punto de nuestra evolución comenzamos a agruparnos para buscar una ventaja evolutiva. La forma de agruparnos ha evolucionado constantemente y en cada país o región ha tenido distintos matices y duración. En esta sección describiré muy por encima la trayectoria de nuestra lucha por el poder—que ha pasado por la autocracia, la aristocracia y culminado en la democracia, la tendencia de moda—con el fin de vislumbrar cuál podría ser un camino a seguir.

A medida que la población de las comunidades fue aumentando, la organización de los integrantes se hizo más compleja, y luego surgió la especialización. Repartir el trabajo implicó una estructura que pudiera delegar y supervisar al mismo tiempo: una jerarquía. Un ejemplo equivalente es la organización que vemos en hormigas o abejas.

Y de igual forma que sucede con nuestros hermanos insectos, en la estructura humana surgió una vacante en la cima de la pirámide. En un principio seguramente rigió la ley del más fuerte, que poco a poco evolucionó en la figura de emperador, líder religioso o monarca; argumentando que el poder les correspondía por sagacidad, orden divino o sucesión, respectivamente. Independientemente de la modalidad, la concentración de poder en un líder (autocracia) fue la misma; la responsabilidad de guiar a una comunidad se puso en las manos de un individuo.

Pero el continuo crecimiento de la población, la diversificación de las actividades humanas y la inconformidad de algunos hicieron obligatorio que se delegara un poco el poder. Los primeros beneficiarios fueron obviamente los familiares y luego los amigos; de todas formas se garantizaba que el poder quedara en el mismo círculo (aristocracia). Después de esta primera concesión, y con el respectivo aumento de la población y complejidad humana, se introdujo gradualmente el concepto de democracia: gobierno de todos y para todos. De hecho, es un concepto que lleva más de 2.000 años definiéndose y aún no está listo.

La democracia actual presenta una contradicción estructural: no pueden gobernar todos los miembros de una sociedad ya que no se pueden poner de acuerdo. Esto tiene algo que ver con la variedad de pensamiento que afortunadamente está presente en los humanos. Entonces, surge la necesidad de asignar a unos cuantos miembros de la sociedad para que gobiernen a través de unas instituciones. Un gobernante, obviamente, tiene el compromiso de gobernar según los intereses de la sociedad y no buscando su propio beneficio. Pero debemos tener en cuenta las tendencias conceptuales de los partidos políticos, que suelen concluir en un distanciamiento aún mayor entre la gente y sus necesidades.

La democracia, con todos sus ventajas y bemoles, se ha consolidado como la forma de gobierno oficial de Occidente. Sus mecanismos son bien conocidos: participación representativa a través de elecciones y referendos; partidos políticos que polarizan las corrientes de pensamiento; derechos humanos y deberes civiles; y la consolidación de los tres poderes: ejecutivo, legislativo y judicial.

A pesar de que se podría afirmar fácilmente que la democracia actual es la forma de organización sociopolítica más avanzada que hemos implementado los humanos, tenemos que entender que es un concepto que debe evolucionar paralelamente a las necesidades de nuestra sociedad. En la actualidad creemos que hemos encapsulado la esencia de la democracia, y que alcanzarla consiste en implementar unos mecanismos establecidos y ejemplificados por los países que se denominan a sí mismos como desarrollados.

No, aún estamos en el largo camino que conduce a la democracia. Con todas las ventajas que presentamos hoy sobre formas de gobierno más precarias, nuestra democracia incurre en un problemilla que tendrá que ser confrontado para encarar el futuro sin ninguna tensión social: existe un paternalismo del estado, y una irresponsabilidad por parte del individuo al no afrontar sus propias necesidades.

El paternalismo del estado se deriva de delegar responsabilidades a una entidad abstracta, que no tiene las mismas necesidades cotidianas que un individuo, y que acaba generalizando soluciones. Nos hemos acostumbrado a exigir de los gobiernos la solución a nuestros problemas, porque es más fácil delegar responsabilidades que cumplirlas. Por su parte, los gobiernos, que son quienes concentran el poder, acaban cansándose de nuestro lloriqueo, nos dan unas palmaditas en la espalda y concluyen que el individuo simplemente no es capaz de entender la complejidad de manejar el destino de miles o millones de habitantes. Desde la tribuna se puede gritar mucho, pero en la tarima la situación, más que compleja, es inoficiosa: nunca se puede tener a todo el mundo contento. Si además agregamos la ambición y el cinismo característico de la política actual, resultamos con gobiernos que no tienen la motivación para solucionar los problemas de un pueblo apático y mediocre.

Son precisamente estas características del pueblo las que nos enajenan de nuestras necesidades. Es más fácil culpar a un gobierno o a un político de nuestra desventura que remangarnos y ponernos a trabajar para dejarles a nuestros hijos un mundo mejor.

Cambiar esta falta de determinación por luchar me parece vital si queremos desarrollarnos a un nivel espacial. Los proyectos de ayuda al tercer mundo se basan en transferencias económicas que siempre resultan en corrupción, ineficiencia o quema de tiempo, porque no parten del principio que para desarrollarse no hace falta dinero sino la voluntad de progresar.

La democracia, además del problemilla de no responsabilizarnos los ciudadanos de nuestro desarrollo, es amenazada por la tendencia actual de globalización. Esto tiene una incidencia letal, ya que dicho proceso está guiado por motivaciones exclusivamente económicas. Aquí no quiero juzgar a seres humanos, sino a la estructura del sistema que crea entidades que tienen vida en sí.

Las multinacionales y los consorcios económicos poco a poco comienzan a suplantar el papel del estado. Esta tendencia acaba erosionando los posibles brotes sinceros de bienestar social por parte de los gobiernos o de sus funcionarios. De continuar por donde vamos, se seguirá delegando al sector privado las funciones de satisfacer las necesidades del pueblo: educación, salud, infraestructura, servicios públicos, seguridad, producción de materias primas, etc. Este temor se materializa si tomamos en cuenta que el sector privado no depende de elecciones para sobrevivir.

La democracia actual, que de manera contradictoria se ata a un sistema económico capitalista—si es el gobierno del pueblo, ¿por qué no puede el pueblo optar por un sistema que no sea capitalista?—ha sido cuestionada en vano por ideologías que van desde la anarquía hasta el comunismo. La ineficacia de estas propuestas reside en que han sido propuestas teóricas que no han conseguido especificar políticas de acción aplicables.

En el caso del comunismo—el mayor contrincante que tuvo la democracia actual—el error fue separar a los individuos de los puestos de poder, sin erradicar dichos puestos. La idea subyacente era que ningún individuo tuviera más poder que otro, pero que dichas plazas siguieran existiendo: el gobierno, que al fin y al cabo es conformado por individuos. El resultado del juego comunista fue suplantar los eternos dueños del poder por nuevos jugadores. La misma mierda, un culo distinto.

Los opositores al sistema actual proponen una distribución de poder distinta, pero siguen hablando del mismo poder. La solución consiste en acabar de una vez por todas con el juego de poder.

redefinir conceptos

Las entidades de un gobierno democrático típico están determinadas por algunos conceptos que debemos revaluar. Con base en una nueva definición de estos conceptos podremos delinear las funciones que las entidades de una comunidad tendrían que cumplir.

necesidades

El primer concepto a discutir es el de nuestras necesidades, y cómo éstas se relacionan con una organización sociopolítica. En la actualidad el gobierno hace de puente entre nuestras necesidades y nosotros. Nuestro trabajo, si es que tenemos la suerte de tener uno, es sólo una variable más para conseguir lo que necesitamos. El gobierno nos provee el resto de nuestras necesidades. Esta relación se ve afectada por dos actitudes: la del individuo que pretende abusar del sistema para conseguir lo que necesita sin hacer nada, y la del gobierno que no tiene interés o motivación para satisfacer las necesidades del individuo.

Si nuestras sociedades no fueran tan complejas recaería en cada individuo el satisfacer todas sus necesidades, pero la realidad es otra. El hombre moderno además de tener necesidades de supervivencia, tiene necesidades de confort, artes, deportes e intelecto. Entonces tenemos que crear entidades comunitarias que se encarguen de suplir sectorialmente estas necesidades, no una canalización de poder centralizado que delegue esas funciones. La diferencia entre conductos ministeriales y entes que involucren al pueblo directamente es que la segunda opción implica la participación de la población—aquí debe tenerse en cuenta que las entidades tendrían que funcionar a nivel comunitario, no nacional.

En la actualidad, la responsabilidad de suplir algunas necesidades por parte del gobierno no es un acto altruista: pagamos impuestos para adquirir dichos servicios. La moda neoliberal de privatizar los servicios consiste simplemente en cambiar de proveedor, no de necesidades. Entonces, también podemos hacerlo nosotros mismos, sin ningún intermediario.

estado

Encomendar el desarrollo de un pueblo a un estado es ineficiente. La única manera de suplir nuestras necesidades es tomando control de nuestras vidas. No podemos delegar nuestras responsabilidades a un ente abstracto que está lejos de nuestro contexto. Las funciones del estado tendrían que ser transferidas en su totalidad al ámbito comunitario. El que exista un estado omnipotente no es un requisito para el desarrollo, es una ineficiencia estructural de nuestra organización. Con conocimiento podemos hacer todo lo que necesitamos, y así no desperdiciaríamos el potencial humano involucrado en la burocracia, que al fin y al cabo no produce nada.

Al reducirnos a un nivel comunitario también podríamos dejar de lado el concepto territorial de país, que sólo ha servido para crear guerras y discordias. En un nivel comunitario de cooperación se puede llegar a limar todo tipo de conflictos si implementamos una educación de respeto por los demás y nos ayudamos mutuamente compartiendo información. Esta idea puede sonar caótica o anárquica, pero créeme que es más fácil poner de acuerdo a comunidades vecinas que a dos países de varios millones de habitantes cada uno, que no tienen ningún contacto directo entre sí. Los países sólo sirven para crear la identificación que hacen un mundial de fútbol emocionante. Si nos vamos a aferrar al nacionalismo que sea por eso y sólo por eso.

democracia

La democracia como la concebimos hoy no es realmente un gobierno del pueblo. Es evidente que la maquinaria democrática entorpece el ejercicio de una democracia pura: unas elecciones no se tratan de escoger entre distintas políticas de acción que afectarán nuestras vidas, sino de una competencia por poder donde se fusionan la demagogia y las artes teatrales bajo una estrategia de mercadeo. ¿Cuántos recursos—que podrían invertirse en hospitales, educación o esparcimiento—se gastan en una campaña presidencial?

La democracia alcanza su más alto nivel cuando sólo hay un individuo. Pero ese no es el caso. Una democracia verdadera es aquella donde todo el mundo trabaja en el sector que le guste para aportarle a su sociedad. Aquí es donde realmente puede ejercer su vida política al tomar decisiones y acciones que beneficien a su comunidad. Después de obtener nuestro sustento, todos tenemos algo que podemos hacer por nuestra comunidad. Al agregar todos estos sectores de acción—cuyo número y función dependerán de las necesidades y gustos de cada comunidad—se obtiene la figura política de comunidad: una organización democrática donde todos desarrollan sus talentos.

Esta definición puede sobresalir por simplista, pero en realidad creo que organizarnos en comunidad no es tan complicado. No existe un modelo único, sólo tenemos que hacer lo que nos gusta y hacerlo bien. El único requisito es que le enseñemos a nuestros hijos a hacer las cosas con cariño y utilizando todo su potencial. En el fondo la democracia tiene que ver más con la cotidianidad de cómo hacemos las cosas y cómo nos relacionamos con nuestros semejantes, que con una terminología que describa la relación entre un individuo y un estado abstracto.

libertad

Libertad para un ser que vive en comunidad es hacer lo que le de la gana sin joder a los demás. No más.

No hace falta que nos compliquemos buscando una definición más precisa o unos parámetros dónde encasillar el comportamiento humano—tarea de verdugo. Las cosas que "perjudican a los demás" son culturales y evolucionan constantemente; así que la lucha por la libertad consiste en enseñar a nuestros hijos a que no perjudiquen a los demás ni a la naturaleza, a que tengan consideración, que ellos no son los únicos ni los más importantes aquí. Y el mejor mecanismo para garantizar esto es inculcar que debemos hacer todo con cariño. Siento mucho si esto suena a osito de peluche, pero esa es la libertad. La preciosa libertad no se preocupa por qué puede hacer, sino por cómo lo va a hacer: de esa manera se descartan las cosas que puedan perjudicar a los demás. Una libertad del individuo en sociedad es necesariamente cariñosa; de otra forma acabamos haciéndole daño a los demás.

individualismo

El individualismo tiene dos dimensiones, y en ambas creo que está yendo en contra vía. Por una parte, nuestra sociedad se está convirtiendo en un enjambre histérico donde cada uno vive para sí solo, sin importarle los demás y con el único objetivo de satisfacer su propio ego. El sentirnos responsables por lo que todos hacemos como sociedad no es relevante, y la mejor manera de no confrontar el mierdero a nuestro alrededor es encerrándonos en una burbuja. Si cada uno va por su lado, juntos no vamos a llegar a ningún lado. Y para llegar lejos, para atravesar un millón de años luz, tenemos que trabajar juntos.

La segunda dimensión del individualismo es en la que se desarrolla la imaginación, y la lucha de cada uno por encontrar su propia identidad y vivir según sus propias percepciones. Nuestra sociedad global, alimentada por una televisión insulsa y bajo la mira telescópica de cazadores de mercados, yace impune ante el exterminio de la diversidad de pensamiento. La exquisita peculiaridad es una especie en vía de extinción. El que todos acabemos tomando Coca-Cola no es tan deprimente como que todos acabemos soñando lo mismo.

El orientar nuestro individualismo resulta vital para poder crear una sociedad donde todos nos ayudemos desinteresadamente, al mismo tiempo que se aproveche el potencial de cada uno para mejorar la comunidad en todos los aspectos. Cada miembro puede aportar algo, y es un deber social el incentivar estos brotes de creatividad.

propiedad

La propiedad es otro asunto que nos trasnocha innecesariamente, y que lo seguirá haciendo hasta que no cambiemos nuestra actitud. Aún no conseguimos sacudirnos la idea "mío, mío" de cuando éramos bebés. Vivimos en una carrera por poseer, por ser propietarios de todo cuanto está a nuestro alrededor. Hemos incluso patentado ideas y parcelado la luna—que ya la dividieron sin consultar a nadie y sin tan siquiera estar allí—en un intento de sacar provecho personal de todo.

No entendemos que nada le pertenece a nadie: vivimos en un planeta y tenemos que compartir los recursos existentes. El universo no le pertenece a nadie; ni ninguna parte de él. Uno de los retos más importantes para el futuro es aprender a dar y a compartir; a desapegarnos de lo material y entender que la utilidad de las cosas es la felicidad que derivamos de ellas, y no las cosas en sí. Entonces, no perdemos nada si compartimos las cosas para que otros también sean felices. El acumular sólo crea responsabilidades que nos impiden disfrutar más la vida.

Definir un mecanismo para sustituir el concepto de propiedad privada por el de propiedad colectiva resulta pretencioso. La única forma de conseguir ese nivel de excelencia es comenzando por uno mismo. Es tu menester el descifrar qué tienes que hacer para huir de la ola materialista que nos ahoga. Después de liberarte tú, podrás dar a los demás con el fin de algún día contagiarlos.

expertos

La figura de "gobernantes" tendría que ser sustituida por la de "expertos." Entendiendo experto como la persona que guía—no que manda—a sus semejantes en un tema de su dominio. Contar con un individuo que comande a toda una comunidad resulta en corrupción, abuso de poder o celos; nada productivo. Entonces, un líder sería quien hale a su gente, no quien empuje o comande.

Una comunidad tiene muchos aspectos, y en cada uno de estos tendría que haber un grupo de gente que guíe a los demás. Dicho grupo sería conformado por los expertos e interesados en ese sector. De esta manera se gana sinceridad y conocimiento, y se garantiza el requisito más importante en un líder: que ame lo que hace y por quien lo hace.

organización comunitaria

El principio fundamental para una reestructuración sociopolítica es no complicarnos mucho. No complicarnos al formular la sustentación teórica ni al implementar una estructura. La política es famosa por enredarse en la retórica y no concretar nada que beneficie al pueblo. Debemos entonces simplificar nuestra organización sociopolítica, reducirla a nivel comunitario y atarla a acciones concretas.

leyes

El sistema legislativo actual se basa en una constitución y un código penal—una enciclopedia de todos los delitos posibles que se actualiza constantemente. La idea, aunque noble de nacimiento, ha demostrado ser ineficiente a la hora de prevenir el rompimiento del código de comportamiento de una sociedad. Pero la tradición jurista se empeña en perpetuar la producción de leyes, ignorando que entre más leyes haya, más fácil es encontrar formas de infringirlas, y más difícil es el garantizar que la población aprenda esas leyes.

La sociedad tendría que definir constantemente qué actividades la perjudican. Pero más que escribir cada una de ellas, debería enseñar la esencia de lo que sus miembros están dispuestos a tolerar. Un código penal de 800 páginas no es ni divertido, ni interesante, ni práctico a la hora de educar al individuo para que viva en sociedad. Es más, dichos textos están escritos en una jerga jurídica no hablada por el pueblo.

El aumentar la producción de leyes contradice el objetivo de las mismas—que se respeten ciertos valores de la sociedad—ya que la tupida maleza legal acaba fomentando la creatividad de los delincuentes y no cura la enfermedad de nuestra sociedad.

Después de simplificar nuestras leyes y asegurarnos de que la gente las conozca, tendríamos que reformar nuestro sistema judicial. Juzgar no ha coartado a los malhechores, quienes continúan cometiendo crímenes. El objetivo no es castigar, sino impedir que la gente perjudique a los demás. Tendríamos que enseñarle a la gente a portarse en sociedad y a no perjudicar a los demás. Y esto es una tarea continua. Si alguien rompe una ley, habrá que mostrarle cuál es el daño que causa y cómo actuar para no volver a cometerlo. Esto puede tildarse de idílico, pero les aseguro que con paciencia y cariño se enseña al infractor a no perjudicar a su sociedad, o se le aburre hasta que no quiera volver a hacerlo. El requisito es que toda la sociedad reaccione cuando suceda algo en contra de la ley, y que todos enseñen al infractor a no volver a cometer la misma infracción. Hoy sólo pedimos la cabeza de quien delinque, pero no atinamos a cambiar el contexto social que hace posible y apetecible el infringir las normas: nos hemos acostumbrado a poner baldes pero no a tapar las goteras. Un mecanismo judicial no sirve para nada. No hay que juzgar; hay que curar, que enseñar.

sectores

Cada comunidad debería decidir a dónde quiere llegar y definir las actividades que necesitan realizar sus miembros para conseguir ese objetivo. En este proceso surgirán ciertos sectores o campos de acción respaldados por el interés innato de los individuos. Cada sector deberá tener una autonomía de acción que no perjudique a los otros, y tendría que estar abierto completamente a quienes deseen participar o informarse.

Definir una estructura interna para estos sectores es contraproducente, ya que eso dependerá del contexto. Un esquema rígido y uniforme establecido por una manotada de intelectuales dista mucho de las necesidades reales de una comunidad. No se puede encasillar las relaciones interpersonales de los humanos. Después de que cada comunidad defina qué sectores requiere para suplir sus necesidades, cada uno de estos deberá encontrar una manera de operar que fomente la solidaridad y el desarrollo del individuo para satisfacer la demanda de la comunidad.

La manera de evaluar el desempeño de estos sectores sería la consecución de sus objetivos. Hablo de objetivos porque una comunidad tiene necesidades específicas, pero el trabajo sectorial es más un proceso que evoluciona diariamente para alcanzar y mantener unas metas.

La relación de los sectores entre sí se desarrollaría en un ambiente de informar, no de rendir cuentas. Cada sector tendría su propia dinámica y ninguno se definiría más importante que los demás: las actividades de todos los miembros de una sociedad son igual de valiosas.

La información será entonces la pieza clave que permita a los miembros de una comunidad participar directamente en su desarrollo. Conviene aclarar que las comunicaciones están tan desarrolladas que pueden informarnos perfectamente. El problema en nuestra sociedad reside en la falta de transparencia con que se transmite esa información, y la apatía de la gente por enterarse de lo que sucede. La vacuna para esto es simplificar el lenguaje y desarrollar formas más didácticas para interactuar con los sectores.

La participación no debe estar enfocada a elegir gobernantes, sino a tomar decisiones de orden cotidiano; a elegir entre distintas acciones. Siempre que se habla sin concretar qué y cómo se va a hacer, es porque se esconde un interés personal. Un mecanismo para evitar que se filtren estos intereses es hablar claramente de los temas, y descartar la actual oratoria babosa que utilizan los políticos para persuadir al pueblo—estoy seguro que no utilizan ese tono tan sincero cuando hablan con sus madres. Si lo hacen con nosotros es porque nos creen huevones.

seguridad

Un sector que debe dar un vuelco urgentemente es el de la defensa. El estado moderno requiere de unas fuerzas armadas poderosas para garantizar su soberanía y cohesión. Los ejércitos son para luchar, y mientras sigan existiendo siempre habrán guerras.

Una civilización espacial es pacífica. Pero nosotros no. Hemos llegado al deplorable punto de temer un Armagedón nuclear: eliminarnos a nosotros mismos, lo que hasta ahora no ha podido hacer ninguna otra especie. Somos nuestro peor enemigo. Hace falta ser muy imbécil para llegar a ese punto, y más imbécil aún para no reaccionar todos al unísono para cambiar dicha situación. Yo no estoy dispuesto a legarles a las generaciones futuras una supervivencia así de frágil.

Entonces, no podrán existir los ejércitos ni las armas. Pero el potencial de reacción, organización y disciplina de quienes gustan de la vida castrense no hay que desperdiciarlo. Dichas instituciones deberán reestructurarse para poder reaccionar en caso de cualquier tipo de emergencia, y asistir en cuestión de logística y personal para la construcción de infraestructura. Además, sería conveniente ligarlas a la investigación—especialmente en términos de ingeniería civil y aerospacial, y de la náutica y demás ciencias marinas.

Las ventajas de dicha reestructuración serán latentes, pero se puede argumentar que se crearía una comunidad vulnerable. Esta vulnerabilidad no debe ser remendada por un cuerpo bélico.

La vulnerabilidad interna de una comunidad se supera mediante la participación de todos sus miembros en actividades que sean necesarias. El diálogo no sirve de nada si todo el mundo no está trabajando directamente en algo que beneficie a su sociedad.

Además, un espíritu de paz y mediación debe ser inculcado desde temprana edad. Diferencias siempre van a existir, entonces tenemos que aprender a vivir con ellas sin matar o infundir terror.

La vulnerabilidad de una amenaza externa es un factor que se solucionará en la medida en que nuestros nexos con las comunidades vecinas se fortalezcan. El intercambio cultural y deportivo, si son respaldados por un intercambio de información y conocimiento, son la manera más eficaz de fortalecer la relación entre dos comunidades vecinas. Es inteligente aprovechar los modernos sistemas de comunicación para aumentar el alcance de las comunidades con quienes tenemos contacto. Entre más extensa sea nuestra área de relaciones con otras comunidades, existirán menos probabilidades de un conflicto externo.

el poder nos ancla

Si para reformar el sistema económico debemos cambiar el dinero por el trabajo, para reformar nuestra organización sociopolítica debemos cambiar el poder por el cariño y la capacidad de aportar a nuestra comunidad. La lucha de poder que venimos cargando sobre los hombros desde hace milenios no nos deja despegar.

En la medida en que nos desprendamos del poder, y creemos sociedades donde éste no esté concentrado, entenderemos que organizarnos colectivamente no es tan complicado. Si el poder causa conflictos, debemos aprender a dosificarlo. Muchos otros organismos lo hacen y no incurren en el mismo caos que nosotros causamos. Algo tan primordial y cotidiano como vivir juntos no nos puede ganar.

Si me quedo corto al delinear algunos puntos de este capítulo o éste te parece muy ambiguo, es porque estoy hablando de comportamiento humano—tan impredecible como diverso. Será en el experimento donde se pueda documentar y definir los mecanismos que nos permitan vivir en paz. Yo sólo sé que sí se puede, y que no hace falta esperar 1.000 años más o a que se cumpla alguna profecía esperanzadora. Todo se encuentra en nuestras manos, y lo que logremos dependerá de nuestra determinación a triunfar.

replanteamiento científico y tecnológico

José Rivera "Casado," un viejo sabio—de aquellos que te lo topas porque la vida es generosa o porque no sabe lo que hace—me dijo una buena mañana que todos los inventos que celebramos hoy también fueron inventados tres mil años atrás por los Chinos. Esta cachetada a nuestro ego quiere decir que, a pesar del gran adelanto tecnológico de Occidente, civilizaciones antiguas también florecieron científicamente así hayan tenido otros enfoques y métodos. Y algunos de sus frutos aún no han sido superados por Occidente.

La Civilización Occidental hace alarde de su gran desarrollo científico y tecnológico. Nunca antes los humanos habíamos estado tan desarrollados, nos gusta pensar. Obviamente hemos desarrollado algunas áreas más de lo que antes se habían desarrollado—como también hemos descuidado otros caminos de investigación—pero esto se debe a que somos descendientes de las culturas pasadas. Competir y tener como punto de referencia al pasado es un mecanismo narcisista y mediocre. Nuestro punto de referencia debe ser nuestra imaginación: ¿Qué puede más, nuestra imaginación o nuestro ingenio? Hasta que entendamos que son la misma vaina.

Para que el modelo ecosistémico descrito en el segundo capítulo sea una alternativa viable al modelo capitalista occidental, resulta imprescindible que el nuevo camino ofrezca una mejor calidad de vida. Las ciencias y tecnologías tienen que ser replanteadas para suplir mejor algunas de nuestras necesidades.

una civilización espacial

La imagen de una sociedad futurista mucho más desarrollada que la nuestra, una que conquista el espacio—y me atrevo a decir que es un consenso de lo que sería un buen desarrollo—se presenta con grandes ciudades que cobijan millones de habitantes; formas de producción de energía muy sofisticadas; un sector industrial que cubre al planeta como una atmósfera; un gigantesco sistema de transporte; una producción de alimentos altamente tecnificada; una lucha frontal para controlar la polución con complejos mecanismos artificiales; y una sociedad global que respira la más alta tecnología...Es una sociedad que viaja y "conquista" el espacio. Todo esto es Hollywood. Es ineficiente.

No es necesario que nos compliquemos tanto para poder conseguir una subsistencia adecuada al mismo tiempo que desarrollamos las ciencias y las tecnologías. Es cuestión de simplificar nuestra sociedad y encausar nuestra energía en desarrollar sólo aquello que necesitamos. Una civilización espacial no es industrializada y consumista; es nómada (o seminómada) y se adapta al ecosistema, incluyendo los ecosistemas de otros planetas. La restricción de sólo usar los recursos presentes en un ecosistema no impedirá ni hará más lento el desarrollo de nuestras ciencias y tecnologías. Existe la manera de conseguir todo lo que necesitamos del ecosistema en que vivimos; es cuestión de utilizar nuestra imaginación. Además, una civilización espacial tiene que aprender a vivir—no sólo pasear—en hábitats muy distintos y/o reducidos. Hay que comenzar por hacerlo aquí abajo.

motivación científica

Antes de reformular las ciencias—definiendo tecnología como ciencia aplicada, desde ahora también aludiré a las tecnologías cuando hable de ciencias—hay que entender que éstas surgen de uno de los dones más hermosos que tenemos los humanos: la curiosidad. Y es que en el fondo somos más curiosos que los mismos gatos.

Este motor por descubrir y entender el mundo tiene tres aspectos que lo impulsan. El primero es el de autosatisfacción; la ciencia por la ciencia; la ciencia como sedante de nuestra enfermiza y genética obsesión por entender el universo. Ante esta fijación no hay nada que replantear; es tan pasional como el arte, y restringirla sería castrarla—y castrar es feo.

El segundo aspecto es parte de nuestro instinto de supervivencia. Es el crear un atajo entre nuestras necesidades y nosotros. Aquí sí es obligatorio replantear la ciencia porque es hora de alcanzar una mayor eficiencia. Y recuerda que eficiencia debe considerarse tanto en términos de alcanzar nuestras necesidades como en respetar que las demás especies alcancen las suyas.

El tercer aspecto merece una sección para él solito.

investigación y dinero

Se merece otra sección porque vamos a hablar de investigación y dinero. Absurdo. El dinero no debe determinar las ciencias, pero en Occidente lo hace. Ignorante. Es imperativo que las liberemos.

La investigación está determinada hoy por el capital disponible o el que se va a generar. Esta condición está siendo tan contraproducente para las ciencias como lo fueron las restricciones de tipo religioso en la época de Copérnico.

Al estar metidos en una sociedad capitalista todo cuesta, y la investigación se ha convertido en una de las actividades más costosas en nuestra sociedad. A pesar de que su importancia es incuestionable no se ha hecho nada para bajar sus costos, y los subsidios estatales son sustituidos por los del sector privado cada vez más.

Sin dinero podremos deshacernos de la pedante moda de patentar. El conocimiento es un legado de la humanidad, no una propiedad privada de un científico o una multinacional. Sin ese estorbo y con una red de información global, los científicos de todo el mundo podrán trabajar juntos y aprender los unos de los otros. De eso se trata la ciencia. Un científico solo jamás podrá hacer un descubrimiento, es un trabajo en equipo que se comparte de generación en generación. Nuestro conocimiento científico comenzó millones de años atrás y nunca el reino mágico de la ciencia estuvo cercado por patentes. Tenemos que aprender a compartir, a dar. Las patentes son un acto egoísta que se enraíza en la dependencia que la investigación tiene del dinero. Imagínate que a la persona que descubrió el fuego—quizás el invento más útil en toda la historia de la humanidad— también se le hubiera ocurrido la babosa idea de patentarlo...

El desarrollo desigual de nuestra especie no es causado por la diferencia de capital entre el Sur y el Norte, sino porque los países industrializados poseen mayor conocimiento tecnológico que no están dispuestos a compartir. Esto obviamente ha sido permitido por la actitud coprófaga y lameculos de los habitantes del Sur, que han menospreciado su propio conocimiento y optado por seguir comiendo polvo en el camino de desarrollo del Norte—vale aclarar que en todos los países hay Norte y Sur, y es vital entender que no propongo protestar ni boicotear, sino dejar de lado tanta retórica y materializar algunas iniciativas.

Aún no entendemos que el dinero no es poder. El conocimiento, el pensamiento y la información son poder. Por eso, para conseguir un desarrollo paralelo entre el Norte y el Sur hay que compartir conocimiento, pensamiento e información. ¡Gratis! Como dije antes, las cosas no se hacen con dinero sino con trabajo. Lo único que necesitamos es aprender a trabajar, a hacer las cosas.

Las ciencias y tecnologías se beneficiarán exponencialmente de un mundo sin dinero y sin egoísmo, ya que los investigadores contarán con más información y tendrán más libertad de investigación. Hoy en día la investigación se limita a aquellas áreas que prometen un retorno económico o que no presentan una patente que restrinja su acceso.

El dinero es a la ciencia como el dinero es al sexo.

método científico

Las ciencias occidentales, a pesar de haber alcanzado logros maravillosos, basan todo su proceso de obtener conocimiento en un método científico reduccionista. Las ciencias se aferran a un sistema lógico inductivo y deductivo donde no hay cabida para la intuición o la imaginación, o por lo menos no de una manera formal.

Si bien la lógica occidental ha sido una herramienta práctica a la hora de sistematizar información, no debemos asumir que sólo existe una lógica. Distintas culturas han utilizado diversas lógicas para explicar los fenómenos a su alrededor, y cada una de ellas ha presentado ciertas ventajas en algún campo. En este punto de nuestro desarrollo, donde se consolida una sociedad global, es vital no cerrarnos a una sola lógica. La diversidad de pensamiento es una herramienta que no podemos sepultar.

Este matrimonio con la lógica descarta la posibilidad de tomar atajos hacia el conocimiento—que al fin y al cabo es el objetivo. Olvidamos fácilmente que la mayoría de los descubrimientos han sido el producto de la intuición, la imaginación y los accidentes. La imaginación no sólo es más importante que el conocimiento, como dijo Einstein, también es más importante que la lógica.

La imaginación, los sueños—que sólo se diferencian en los ronquidos—son la realidad. Pensamos que los sueños son un motor que nos hace la vida más llevadera. Esto es el espejo de una mentalidad cansada, derrotada, sin fuerza ni imaginación. La lógica es una abstracción de la realidad, una abstracción estructurada que no representa la alta probabilidad de accidentes, transformación constante y magia que existe en el universo. Propiedades que sí se reflejan en los sueños.

Los sueños son el lenguaje de nuestro cerebro— el sistema operativo, para que entienda la nueva generación. Son nuestra percepción del universo. La voz que oímos en la cabeza es sólo un lenguaje estructurado de lo que las ideas son realmente. Una idea no es texto; es sentimiento, olor, color, textura, sabor, temperatura, sonido, esencia, energía, cariño y mil cosas más que tú sientas. La lógica es sólo una manera más de entender el universo. Para entender la fuerza de la gravedad se puede utilizar la lógica, pero el tacto también te lo puede hacer entender. La ciencia debe acostarse con la magia. El reto científico y tecnológico que se avecina sólo podrá ser superado si desbordamos nuestra imaginación; que es un poder más allá de nuestros límites lógicos.

Entonces, con la decisión de no limitar nuestras ciencias al método científico, y si conseguimos recordar de nuestra infancia que no sólo no hay nada imposible, sino que todo es fácil; tendremos que replantear las ciencias con el fin de alcanzar un desarrollo ecológicamente eficiente.

También es imperativo el entender que las ciencias no deben excluirse entre sí. Tenemos que integrar las ciencias, y concebirlas como distintas perspectivas que nos ayudan a alcanzar un objetivo, bien sea entender o desarrollar algo.

replanteamiento

Las ciencias serán entonces el comodín que nos permitan superar a Occidente. Ahora, hay que saber en qué es viable que la ciencia busque una manera de facilitarnos la vida y en qué no hace falta; en qué la naturaleza nos brinda perfectamente lo que necesitamos. La ciencia no debe interferir con la naturaleza cuando sus implicaciones son muy complicadas y perjudiciales para Tierra o para las demás especies.

Debemos retomar algunos conocimientos y técnicas de nuestros antepasados (y de algunas culturas que aún existen) que son eficientes, no perjudican al ecosistema y no requieren de tanta infraestructura. Dejando de lado el aspecto personal y pasional de las ciencias en pos de la simplicidad, discutiré el replanteamiento científico como una herramienta que tenemos para sobrevivir. En esta tarea no discutiré las distintas ciencias por separado, sino que tomaré ciertos campos de acción en los que una orientación multidisciplinaria de las ciencias debe ayudarnos a encontrar un equilibrio entre el medio y nuestras necesidades:

recuperar el medio ambiente

Lo primero en la agenda, se me antoja que es limpiar el medio ambiente y ayudar a la recuperación de los ecosistemas perdidos o dañados por nuestras actividades.

Poner en forma a Tierra es dedicarnos físicamente a limpiar toda la basura que hemos esparcido por nuestro hermoso planetita, y lo vamos a hacer con cariño. Y si es necesario algo de tecnología, vamos a analizar con cuidado cómo la vamos a aplicar.

El beneficio ecosistémico de esta limpieza es de doble faz (sin contar con el factor estético): no toda nuestra basura es biodegradable—no puede ser descompuesta rápidamente por los hongos, bacterias y demás organismos encargados de esta labor tan importante para Tierra—y esto causa un deterioro ambiental que se representa en el exterminio de organismos y el empobrecimiento del suelo. Recoger nuestras basuras acelerará el proceso de regeneración ecosistémica al que debemos apuntar.

El segundo beneficio es que nos permitirá reciclar estos materiales para crear nuevos productos sin necesidad de extraer nuevos recursos, lo que deteriora al medio ambiente. Si reciclamos todo el plástico que hemos botado, seguramente no necesitaremos producir plástico nuevo en 100 años. Aquí es donde la tecnología en materia de reciclaje tiene que jugar un papel importante. El desarrollo tecnológico en materiales biodegradables—como un plástico nuevo que ya está en el mercado—puede servir para incorporar las basuras existentes a la nueva generación de materiales ecológicos. Sobra decir que a partir de ahora no debemos producir ningún material que no sea biodegradable.

La segunda etapa, colaborar con la regeneración de los ecosistemas, es un poco más delicada. Esto es algo que Tierra puede hacer por sí sola si la dejamos en paz, claro está que tardará varios siglos en hacerlo.

Pero existen dos motivaciones para ayudar un poco. La primera, más que cargo de conciencia, es la pereza y el asco de ver el mierdero que hemos hecho. La segunda, que sería un ejercicio excelente para algún día instalarnos en un planeta desierto y tener que crear un ecosistema artificial, por ejemplo. Entender los ecosistemas y sus mecanismos es vital para una especie espacial.

Nosotros podemos agilizar el proceso de regeneración ecosistémica, siempre y cuando lo hagamos según los mecanismos de Tierra. Las ciencias—ecología, biología, botánica, zoología, meteorología, agricultura y, sobre todo, las prácticas de manejo ambiental indígenas del mundo entero—deben asistir el proceso de expansión ecosistémica sin interferir con las relaciones bióticas que existen entre las especies de un hábitat determinado. Debemos cuidarnos de no introducir especies extranjeras o alteradas genéticamente, ya que éstas pueden ser contraproducentes para otras. Si vemos que nuestros conocimientos no son suficientes para entender los distintos ecosistemas, es mejor no estorbar y dejar que la naturaleza actúe sola.

La importancia de recuperar los ecosistemas para nosotros es porque, según el principio de autosuficiencia esbozado en el segundo capítulo, dependeremos completamente de lo que los ecosistemas nos ofrezcan. Se puede fácilmente intuir o deducir que entre más recursos haya—mayor biodiversidad y biomasa—más fácil será producir todo lo que necesitemos.

agricultura

La tecnología agrícola actual se basa en tres pilares principales. La mecánica, con su maquinaria pesada y sistemas industriales de procesamiento de alimentos. La química, con fertilizantes, fungicidas, plagicidas y conservantes, entre otros. Y la biotecnología, alterando genéticamente los organismos para que presenten una característica que permita su producción a gran escala. A pesar de que estas tecnologías sí son eficientes en términos de producción industrial, presentan ciertas externalizaciones. Respectivamente: polución y compactación del suelo; disminución de la biodiversidad, y envenenamiento de agua y suelos; y transferencia de información genética a otras especies del mismo ecosistema, sin poder predecir su impacto ambiental. Esto es a grandes rasgos.

Bien, como la idea es reducir el sector agrícola a pequeños núcleos autosuficientes, rechazar la actual tecnología agrícola no es por resentimiento sino en pos de ser prácticos. La agricultura del momento simplemente no es viable si la aplicamos a pequeña escala.

Un sistema agrícola a escala comunitario tiene que estar respaldado por conocimiento y una tecnología precisa. Además de ser obligatorio recopilar el conocimiento agrícola campesino e indígena, hay que investigar prácticas de civilizaciones antiguas. Las culturas precolombinas, por ejemplo, desarrollaron tecnología agrícola—sistemas de riego, terrazas, invernaderos, selección y mejoramiento de especies, entre otros—que sin tener un impacto ambiental negativo les permitieron sobrevivir. Si combinamos estos conocimientos con tecnología moderna podremos abastecer la población mundial entera sin ningún problema. Pero es necesario adaptar la tecnología actual a una nueva agricultura, que tendrá dos aspectos principales: su pequeña escala y su orientación ecológica.

Para producir nuestro sustento en estas condiciones, se hace casi evidente que los monocultivos—producir una sola especie en un área—se dejarán de lado. Estos, la base de la agricultura moderna, empobrecen el suelo e implican una disminución de la biodiversidad. Los policultivos, por otra parte, no incurren en estas ineficiencias y además nos proporcionan una dieta más variada. Hablar del tipo de tecnología que sería viable resulta prematuro hasta no evaluar las características de cada ecosistema y de la población que se abastecerá de éste. Esto nos permitirá entender el funcionamiento de los ecosistemas que habitamos para luego determinar las actividades agrícolas que garanticen nuestro sustento. Mi intensión ahora no es el definir qué tecnología debemos usar, sino la orientación que debe tener la agricultura: no consiste en producir alimentos, sino en cuidar un jardín para tomar de ahí todos nuestros alimentos.

salud

La salud es una variable fundamental de la calidad de vida. Sin embargo, el sector de la salud es hoy más un dominio de la economía que de las ciencias. Tristemente, la medicina ha dejado de ser el arte, la magia, de preservar la vida de tus congéneres. En una sociedad sin dinero, la atención médica de todos sus miembros dependerá solamente de los recursos humanos; no de la liquidez de cada individuo. La sociedad occidental prioriza la salud según el ingreso económico; implicando que la vida de unos vale más que la de otros. Actitud miserable.

La solución a nuestros problemas de salud comienza por una prevención adecuada, que se basa en una alimentación balanceada, un acondicionamiento físico y un estado mental estable. Otro factor que incide directamente en la salud, y que debe afrontar la ciencia, es la sobrepoblación. Con una población de 6.000 millones (que en el año 2.050 se proyecta alcance los 10.000 millones) es obvio que seamos una presa apetecible y lógica para los virus—el ejemplo de conejos y lobos de Darwin. Además, un control sanitario eficiente para dicha población no es fácil de garantizar. Hay que planear una reducción de nuestra población, o esperar el golpe.

Si conseguimos establecer un sistema de prevención que considere los factores anteriores, reduciremos considerablemente la aparición de enfermedades. De ahí en adelante la ciencia es un comodín que tenemos en la carrera evolutiva. Pero como todo lo que no es natural, hay que aprender a usarlo adecuadamente. En los últimos siglos hemos responsabilizado completamente a la ciencia de nuestra supervivencia. Esto genera una debilidad genética y una deterioro en nuestra capacidad de adaptación que puede volverse contra nosotros en un futuro. Un ejemplo real es el uso exagerado de antibióticos, que ha hecho más resistentes a las bacterias, necesitando nosotros tomar dosis cada vez mayores. Resulta entonces sabio el dar un uso dosificado y preciso a la medicina.

La medicina moderna se basa en medicamentos sintéticos y prácticas que requieren un alto nivel tecnológico; y veta las prácticas medicinales tradicionales y/o alternativas. El uso de medicamentos naturales—siempre que sea posible, y que en la mayoría de los casos lo es—me parece más lógico si queremos convertirnos en una especie más ecológica, y genéticamente más fuerte. Los medicamentos sintéticos pueden ser muy eficientes, pero al mismo tiempo relegan a un segundo plano las respuestas del cuerpo. Hoy vemos la tendencia de prescribir medicamentos al primer síntoma, sin dejar que nuestro sistema inmunológico o nuestro cuerpo en general responda.

Por otra parte, en el afán por abarcar mayor espacio en el lucrativo mercado de la salud, no estamos compartiendo la información para que las prácticas tecnológicas de la medicina moderna sean disponibles para todo el mundo.

Además, en algunos aspectos estamos cerrándonos a otros caminos quirúrgicos y terapéuticos por el sólo hecho de que no requieren una tecnología sofisticada—lo que asociamos con mejores pronósticos y tratamientos. Recordemos que antes del segundo milenio A.C. ya se realizaban cirugías cerebrales en Perú, y mucho antes en Europa.

La medicina, más que comprobar la efectividad de un camino científico o una concepción del cuerpo y las enfermedades, debe encargarse de mejorar la salud de la sociedad. Y para eso tiene que hacer lo que haga falta. Si hace falta magia, pues la medicina tendrá que aprender a hacer magia.

obtención de materias primas

En la actualidad, un país (o una región) se puede especializar en la producción de una materia prima e intercambiarla por otras que necesite. En un sistema autosuficiente se requerirá que las ingenierías y las ciencias naturales trabajen juntas y se agudicen para poder producir todos los recursos requeridos. Es retomar la alquimia que un día descartamos estúpidamente. Además de este grado de dificultad mayor, también tendremos que reducir el impacto ambiental de la obtención de materias primas—tarea que aún no estamos haciendo cabalmente.

Existen tres tipos de recursos y cuya obtención requiere una aplicación tecnológica distinta: los renovables, los no renovables y los sintéticos.

Los recursos renovables comprenden materiales orgánicos. Estos recursos se renuevan constantemente ya que los organismos se reproducen, y el manejo que debemos darles consiste en el mantenimiento de su ecosistema. Recursos como la madera deben ser no sólo tomados, sino procesados de una manera más eficiente para que de esta manera aumentemos su "vida útil," y consecuentemente reduzcamos la demanda de dichos recursos a mediano plazo.

Los recursos no renovables, generalmente los minerales, presentan una problemática distinta. Primero, su extracción implica la construcción de cierta infraestructura, y tanto en la extracción como en el procesamiento producen mayor polución. El impacto ambiental será menor cuando el objetivo sea únicamente abastecer a una región. Pero tendremos que afrontar la dificultad de producirlos a menor escala. Esto sólo lo conseguiremos con un perfeccionamiento de las ingenierías, y una perforación contundente de la nanotecnología (aplicaciones tecnológicas en miniaturas) y la robótica en las prácticas actuales de extracción de recursos no renovables. Por otra parte y como su nombre lo indica, estos recursos no se renuevan a una taza proporcional al consumo que les hemos venido dando. Esto implica que su uso se debe dosificar según las existencias para producir los bienes que sean realmente necesarios—no sólo por satisfacer los caprichos de una sociedad de consumo. También hay que implementar un sistema de reciclaje de dichos materiales.

El tercer tipo de materias primas que requerimos son materiales sintéticos. Estos presentan inconvenientes ambientales serios al producirlos y al desecharlos. Afortunadamente, en los últimos años se ha avanzado mucho en técnicas de producción de dichos materiales, y en hacer que estos sean biodegradables. Habrá que seguir desarrollando estas tecnologías.

Para reducir el impacto ambiental de la obtención de una materia prima hay que asegurarnos de que los residuos de su producción puedan ser utilizados en la producción de otra. De igual forma, debemos determinar cuándo y cuáles materiales utilizar según el producto que necesitemos. Un matrimonio más sincero entre la ingeniería y el diseño industrial es inaplazable.

producción de energía

Los humanos no somos la única especie industriosa del planeta. Pero nos diferenciamos de las otras especies en que hemos construido sociedades que requieren un insumo de energía superior al que nos dan los alimentos que tomamos. Es por eso que un día dominamos al fuego y domesticamos a otros animales—para incluir su energía en nuestro sistema de vida.

Hoy estas fuentes de energía resultan insuficientes para mantener nuestra sociedad y por eso requerimos producir energía con distintos medios. Hablamos de una crisis energética ya que la producción de ésta no satisface nuestra demanda. Incluso consideramos un síntoma de desarrollo el consumir mucha electricidad. Una vez más, ineficiencia inmaculada.

En los últimos siglos hemos inventado métodos de producción de energía, que si bien han permitido el crecimiento exponencial de la oferta energética, generan tal polución que ya es evidente la necesidad de un cambio. De esto no sólo son conscientes los movimientos ecológicos y la sociedad civil, sino las mismas compañías, que están destinando esfuerzos y capital para generar energía más eficientemente en términos ecológicos. La culpa de que el desarrollo de estas tecnologías no sea más rápido la tenemos todos. Todos, porque podemos patalear mucho, pero seguimos llevando un estilo de vida que requiere cantidades exorbitantes de energía.

Ahora bien: una civilización espacial no puede ignorar su demanda de energía, tiene que afrontarla y satisfacerla con tecnología apropiada. Entonces, el problema energético tiene dos facetas que debemos resolver paralelamente: producir energía más eficientemente y disminuir nuestra demanda de la misma.

Hasta hace unas décadas el abastecimiento energético se basaba exclusivamente en sistemas de combustión, hidroeléctricas y plantas nucleares. El primero genera una disminución de los recursos y polución del aire; la hidroeléctrica a gran escala tiene un impacto ambiental negativo al cambiar los patrones de inundación; y las plantas nucleares presentan un alto riesgo de contaminación radioactiva. De éstas prácticas, la única que se puede rescatar es la hidroeléctrica si se aplica a pequeña escala y si se respetan los mecanismos del ecosistema.

Pero también hemos desarrollado fuentes de energía más seguras, como lo son la solar, la eólica (transformación de la fuerza del viento en electricidad) y la térmica (aprovechamiento de la alta temperatura del subsuelo). Estos métodos, aunque producen menos electricidad, son mucho más benignos para el medio ambiente—lo que debe orientar nuestra producción energética.

Paralelamente a la implementación de estos métodos debemos desarrollar otras técnicas de producción de energía. Existe una fuente de energía muy bonita de la que todo el mundo ha hablado pero que nadie ha explorado en profundidad todavía, y me parece que será la madre del futuro: la gravedad. Sus encantos son innegables: está presente en todo el planeta, es inagotable, es de una intensidad constante respetable, e intuyo que su procesamiento no implicará residuos nocivos para el medio ambiente. La utilización de la gravedad como solución a nuestra demanda energética no debe sonarnos fantasioso; tiene que existir por lo menos una forma de hacerlo, y vamos a encontrarla.

La otra faceta del problema energético es la reducción de nuestra demanda. Esto se consigue si aflojamos nuestra dependencia en las máquinas. Nuestra fuerza (energía mecánica) puede operar eficientemente ciertas máquinas que hoy impulsamos con electricidad—sí, es volver a la tecnología Picapiedra. Por otra parte, la tecnología debe refinarse para crear aparatos que consuman menos energía. La tendencia actual de hacer las máquinas más compactas debe fomentarse.

transporte

Un sistema económico como el propuesto implicará un cambio estructural en los sistemas de transporte existentes. Al no haber comercio—que representa la mayoría de los trayectos, combustible, e infraestructura—el transporte se reducirá al turismo.

El transporte enfocado a satisfacer la necesidad humana de conocer el mundo es más fácil de estructurar que uno impulsado por el afán comercial. Si bien la velocidad seguirá siendo una variable al desarrollar medios de transporte, podremos hacer más énfasis en seguridad e impacto ambiental.

Para optimar el transporte debemos partir de las necesidades y luego llegar al medio de transporte que las satisfaga mejor. Por ejemplo, para el transporte local es más sensato utilizar caballos, bicicletas o vehículos que no requieran combustible—así en estos momentos de sacra ignorancia no los vea-mos como síntomas de desarrollo o elegancia.

En el caso de distancias medianas, habrá que retomar medios que requieren poco o no combus-tible—globos, veleros, etc.—y reconstruirlos usando las nuevas tecnologías de materiales, diseño, seguri-dad y eficiencia de energía.

Para distancias largas, por el contrario, sí es necesario buscar un salto tecnológico importante. Lo primero a tener en cuenta es el combustible que utilizaremos, ya que esto determinará su eficiencia ecológica, y por lo tanto su viabilidad. Una vez más, me parece hora de experimentar con la gravedad. Mientras dicho salto tecnológico sucede, creo que no existe ningún afán que justifique el uso de medios de transporte que contaminan. Viajar es un objetivo en sí, y el destino final no es lo único que importa.

comunicaciones

La sociedad propuesta dependerá exclusiva-mente de la información para desarrollarse. En la actualidad existen los medios para crear una red gratuita de información; el problema reside en que no estamos dispuestos a compartir nuestro conoci-miento con los demás. Más que hablar de un avance tecnológico en el campo de las comunicaciones, ne-cesitamos cambiar nuestra actitud egoísta.

Una vez superemos ese inconveniente, podre-mos utilizar un medio como el internet para inter-cambiar conocimiento globalmente. Más que refinar la tecnología aplicada en internet, tenemos que preocuparnos por hacer que más gente pueda tener acceso. Los medios de comunicación no significan nada en sí, lo que cuenta es la información que se intercambia. El objetivo final de las comunicaciones es que todo el mundo pueda intercambiar información gratis y rápidamente.

El reto tecnológico de las comunicaciones consiste entonces en buscar un sistema estándar de transferencia de datos y conexión a la red. En la actualidad se han desarrollado programas y componentes con el afán de copar los puestos de un mercado muy lucrativo, pero no ha habido tiempo para analizar si tecnológicamente vamos por el mejor camino. La competencia por internet ha creado productos sofisticados y poderosos, pero quizás sea más importante el diseñar primero un medio accesible a todos, desde indígenas en el Amazonas hasta esquimales en el Polo Norte. En ese contexto es más claro que debemos desarrollar medios que, metafóricamente, permitan comunicarnos manualmente.

urbanismo y arquitectura

Un punto de reflexión obligado para alcanzar una eficiencia ecológica es el urbanismo. El concepto de ciudad que estamos manejando genera demasiadas externalizaciones ambientales y termina enclaustrando al individuo en un ritmo de vida que le impide desarrollar su potencial.

Ciudades como Tokio, París o New York—a pesar de que simbolizan nuestro desarrollo y ofrecen grandes oportunidades—no son buenos vivideros para quienes no están en la cima de la pirámide económica: o sea, para la mayoría. Los problemas de tráfico, crimen, polución, hacinamiento y esclavitud al estilo de vida que ofrece una ciudad son afrontados por millones de seres humanos; millones viven atrapados, resignados a nunca ver cumplida la promesa de éxito en la gran ciudad.

Resulta apenas lógico el reestructurar nuestros asentamientos. Si bien el hombre es un ser sociable, es ridículo pensar que no causamos un daño ecológico cuando nos conglomeramos en ciudades de hasta 25 millones. ¿Te imaginas una conglomeración de 8 millones de cerdos—que son un mamífero superior como nosotros—produciendo todo tipo de residuos en menos de 600 km2? Eso es Bogotá, por ejemplo.

La ciudad del futuro definitivamente no debe tener tanta población. Esta debe entenderse más orgánicamente, y por lo tanto, su tamaño debe ser determinado por el ecosistema donde se localiza. No se puede fijar una cifra definitiva, pero a vuelo de pájaro me atrevería a decir que medio millón es más que suficiente.

Por otra parte, la ciudad incrementará su extensión, ya que será autosuficiente. Nuestro concepto de ciudad hermética y alejada de la producción de alimentos es totalmente ineficiente. La agricultura debe amalgamar la ciudad, romper los esquemas rígidos y artificiales del urbanismo moderno que acaban enajenándonos de la naturaleza. La morfología de la ciudad debe estar determinada por una funcionalidad agrícola y ecológica, y no por relaciones comerciales. Tanto el diseño urbanístico como el arquitectónico deben reflejar una eficiencia ecológica. El acueducto, alcantarillado y tratamiento de aguas deben integrarse para crear un sistema más cerrado donde se pueda reciclar más el agua. La recolección de basuras debe permitir un reciclaje absoluto e inmediato. Finalmente, el manejo del espacio debe hacerse de tal manera que se alcance una eficiencia térmica y energética, al mismo tiempo que se reduzca la demanda de materiales.

La arquitectura moderna se caracteriza por que, en la mayoría de los casos, ha dejado de ser un arte para convertirse en un negocio de producción en línea como cualquier otro. Es imperativo volver a ligar la arquitectura a la estética. Por otra parte, la arquitectura se beneficiaría enormemente si se integrase más con la ingeniería. A pesar del adelanto en cuestión de materiales y cálculos, por ejemplo, la calidad de las construcciones es cada vez peor; casi que se podría calificar de desechable.

La ingeniería se ha olvidado investigar técnicas que civilizaciones antiguas utilizaron y cuyos beneficios son latentes incluso hoy. Un ejemplo claro es la ingeniería Inca, aún no mejorada ni entendida por nosotros. Si nos extinguimos mañana, en 200 años seguramente no habrá ninguna señal arquitectónica de Occidente en un estado decente, ya que la calidad no es nuestra prioridad. Pero las construcciones Incas seguramente seguirán de pie en 200 años.

Finalmente, integrando la arquitectura y el urbanismo, debemos reconsiderar que espacios habitables pueden estar afuera y ser colectivos—de esta forma reducimos el espacio construido. Por otro lado, las viviendas, vías, infraestructura de transportes, instalaciones de servicios, edificios públicos, sitios de producción y distribución, instalaciones deportivas, terrenos agrícolas, sitios de extracción de recursos y reservas forestales deben fundirse armónicamente en el ecosistema para crear una ciudad orgánica, difuminando las diferentes áreas de la ciudad en el paisaje.

viajes espaciales

Por el camino que nuestra tecnología aerospacial va, no vamos a ir muy lejos. Elaboraré: Alfa Centauri, la estrella más cercana al sol, está a 4 años luz (4 años viajando a la velocidad de la luz, 300.000 km/s), y el centro de nuestra galaxia, Vía Láctea, está a 33.000 años luz. Y esto es sólo nuestro rincón en el universo. Para recorrer estas distancias no es suficiente con refinar nuestra infante tecnología aerospacial, es necesario un salto tecnológico.

En la actualidad, las naves espaciales están propulsadas por combustibles sintéticos, y alcanzan la irrisoria velocidad de 11 km/s. Es una tecnología peligrosa, no muy ecológica y demasiado lenta: nos tardamos 10 meses en llegar a Marte, el planeta más cercano; y nos tardaríamos 109.000 años en llegar a Alfa Centauri y 900.000.000 al centro de Vía Láctea—si es que pudiésemos llevar todo el combustible necesario y fuésemos tan imbéciles de arriesgarnos a lanzar un cohete con dicho arsenal. La tecnología utilizada por la NASA, con todos mis respetos, no sirve de nada si hablamos de hacer un viaje intergaláctico.

El caso de instalar una base en la luna u otro planeta es proporcionalmente patético. Si no somos eficientes aquí con nuestros recursos, consumo de energía y control de residuos; no podremos sobrevivir mucho tiempo en el espacio. Y abastecer la hipotética base desde aquí sería agudamente ineficiente, costoso y estúpido. Entonces, primero tenemos que aprender a vivir eficientemente en los ecosistemas de este planeta—a los que hemos estado adaptados por millones de años—y después podremos vivir en otros planetas.

Los párrafos anteriores no fueron intencionados para desanimar a cadetes espaciales, sino para analizar el estado de nuestra tecnología aerospacial e instar a que busquemos otros caminos para algún día ser una civilización espacial. Y seremos una civilización espacial por el simple hecho de que sabiendo que existe un universo infinito allá afuera, la curiosidad no nos dejará quedarnos quietos.

Pero antes que nada tenemos que sentir el espacio. De igual forma que aprendemos a nadar después de perderle el miedo al agua, podremos viajar por el espacio cuando no le tengamos miedo, cuando podamos sentirlo.

El espacio no es vacío, el vacío sólo existe en las cabezas de algunos humanos. El espacio es un tejido electromagnético y gravitacional por el que tenemos que aprender a deslizarnos, y tenemos que hacerlo como energía, no como materia. Las últimas palabras en la teoría de partículas señalan que la materia es simplemente ondas de energía. Entonces tendremos que desarrollar una tecnología que transporte o impulse energía a altas velocidades.

Las distancias a recorrer son tan grandes que aún a la velocidad de la luz son inalcanzables. Entonces tendremos que viajar mucho más rápido que la luz, y lo único que conozco que sea más rápido es el pensamiento. Si bien la antigravedad puede ser el primer paso para salir de Tierra, intuyo que la tecnología que nos haga viajar por el espacio estará muy relacionada con la mente. Si el universo es un sistema de vida infinito, tendremos que aprender a interactuar con él a niveles más altos, niveles que nos permitan jugar con sus mecanismos mentales para viajar por el espacio.

sin miedo a saltar

Para competir con Occidente, las ciencias de una civilización emergente se tienen que desarrollar irrevocablemente más que las occidentales. Las ideas de desarrollo aquí propuestas sólo cuajarán cuando veamos que Occidente no es el camino más avanzado científicamente. Y para conseguir un desarrollo científico superior hay que dejar el miedo a un lado y disparar nuestra imaginación. Si es necesario recurrir a la magia—por más vetada que esté del círculo científico—recurriremos a ella. Lo importante es no olvidar que no existen imposibles. Quizás al "final" de nuestro desarrollo científico entendamos que el universo es lo que queramos que sea.

Nuestra tecnología y ciencias tienen que dar un paso adelante; separarse de la industrialización. Sólo cuando la investigación sea libre—sin ataduras económicas—sólo entonces encontrará el camino que es ecológicamente eficiente, y lo suficientemente cristalino para dar el salto al ámbito de las ciencias de una civilización espacial. ¡Estoy hablando de pasear por el universo!

evolución y educación

Desarrollarnos hasta convertirnos en una civilización espacial requiere un manejo de recursos óptimo; una organización sociopolítica promotora de las capacidades del individuo; un salto tecnológico; y una evolución estratégica de nuestra especie. Este último punto es el tema de este capítulo.

Nuestra evolución como un organismo más en este universo infinito y rebosante de vida ha sido producto de las condiciones presentes en este planetita. Pero yo creo que nuestras capacidades en todos los aspectos son infinitas, y que llegaremos incluso a determinar nuestra evolución. Esto lo podemos hacer sólo a través de la educación. Existen en nosotros comportamientos genéticos esculpidos por el conocimiento ancestral—esto lo entiende una madre mejor que nadie, quien sabe lo que es el instinto maternal—así que nosotros también podemos influenciar el comportamiento humano y la evolución física del hombre. Si bien es una tarea a largo plazo, tenemos que comenzar a enseñar cosas buenas ahora, de lo contrario nuestros descendientes aprenderán la porquería que hacemos.

Si todo el universo está vivo y sólo somos unas células más en un planeta juguetón, nuestro camino de evolución hacia una civilización espacial será uno de adaptación y compenetración con los ecosistemas del universo. Paralelamente a un fortalecimiento físico, tenemos que desarrollar nuestra mente con el fin de mejorar nuestra comunicación, intelecto e imaginación. Y lo más importante de todo: no podemos olvidarnos de galvanizar todo con nuestro cariño. Viajar por el universo no puede ser tan complicado, sólo se necesita un poco de preparación.

evolución consciente

En la medida en que nos demos cuenta de las capacidades ilimitadas que tenemos, nos daremos cuenta que podemos influir en nuestra evolución; podremos fijar el rumbo, así éste fluctúe con el tiempo. Esa comunicación directa entre los genes y los organismos sólo es posible para especies que han alcanzado cierto nivel de compenetración física y mental, de lo contrario sigue siendo menester de la naturaleza.

Los humanos somos una especie inquieta que no se conforma con sobrevivir, sino que además buscamos entender lo que nos rodea y descubrir el universo; siempre firmamos nuestro paso por el mundo. Y si se trata de viajar por el universo, podemos enfocar nuestra evolución hacia ese objetivo. Aquí no me refiero a manipular nuestro código genético para aislar algunas características—y así, de alguna forma, terminar alcanzando el sueño de pureza étnica de Hitler. El determinar nuestra evolución no se concierne a el cómo, sino a dónde queremos llegar. Nosotros lo único que tenemos que hacer es apuntar y ponernos en forma, que la sabia mano de la naturaleza escribirá en nuestro código genético lo que tenga que escribir.

Nuestra evolución tiene dos aspectos: el físico y el mental. En algunas áreas son lo mismo o se yuxtaponen, pero en aras de la simplicidad los discutiré por separado.

fortalecimiento físico

Físicamente somos un organismo asombroso: un animal, un mamífero superior con un sistema nervioso muy complejo conectado a un gran cerebro; somos omnívoros y nos hemos adaptado a casi todos los ecosistemas terrestres del planeta; y nuestra complexión refleja un equilibrio entre velocidad, fuerza y elasticidad que nos hace uno de los organismos más versátiles del planeta.

Pero estas ventajas no son suficientes en la lucha por la supervivencia, y menos si queremos ampliar nuestra área de acción en el universo. No basta con mantenernos como estamos, sino que debemos fortalecernos y desarrollarnos aún más para poder algún día adaptarnos a ecosistemas muy distintos a los de Tierra.

Existen principalmente dos tendencias en Occidente que son contraproducentes para nuestra evolución física. La primera es nuestra dependencia en medicamentos sintéticos. Esta adicción adormece nuestro sistema inmunológico, y rompe la conexión entre el cuerpo y nuestra voluntad de curarnos. Para fortalecer el cuerpo debemos comenzar desde adentro, esto luego se reflejará en nuestra fachada.

La segunda tendencia es la falta de ejercicio que sufre el cuerpo. Nuestro estilo de vida industrial y congestionado no dedica casi tiempo ni espacio para ejercitar el cuerpo. Pasamos la mayor parte del día sentados (en el escritorio, el bus, o el sofá en frente del televisor), y pocos son quienes dedican tiempo para hacer deporte a diario. Tenemos que hacer deporte diariamente y esforzarnos para que nuestra sociedad tenga muchos más deportistas profesionales—imagínate cuántos criminales y amargados menos no tendríamos, por ejemplo.

El deporte es una actividad humana tan innata como benéfica; debemos tomarlo muy en serio. Una civilización espacial goza de una condición física óptima; sus integrantes son fuertes y llenos de vitalidad—no pálidos, cabezones y asexuales, como solemos imaginar a los extraterrestres. Tenemos un cuerpo y debemos fortalecerlo. Además, el deporte tiene un beneficio mental, tanto al desarrollar la velocidad de pensamiento y la inteligencia, como al hacer de válvula de escape de toda la mierda que guardamos en la cabeza.

desarrollo mental

Se dice por ahí que sólo utilizamos el 10% de nuestro cerebro, lo que me parece algo arbitrario de afirmar. De lo que sí estoy completamente convencido es de que el potencial de la mente humana es infinito. Desarrollar nuestra mente representará ventajas evolutivas contundentes, sólo tenemos que proponérnoslo. Si optamos por hacerlo podremos alcanzar una mayor compenetración entre la mente y el cuerpo; perfeccionaremos nuestra capacidad de comunicación; desarrollaremos más la memoria y el raciocinio; y potenciaremos la imaginación, nuestra mayor virtud después del cariño.

compenetración mente-cuerpo

Los humanos concebimos la mente como algo aparte del cuerpo. No entendemos que es simplemente el eco de los millones de células que nos conforman, un reflejo abstracto del esfuerzo que nuestros componentes hacen constantemente por mantenernos vivos.

La capacidad de adaptación es quizás la herramienta más importante para un organismo. Si alcanzamos una mejor compenetración entre las necesidades y percepciones del cuerpo, y entre el entendimiento del hábitat y nuestras respuestas creativas a éste, nos adaptaremos mejor al medio. Herramienta muy útil cuando alunicemos en un planeta completamente distinto a Tierra, por ejemplo.

Una relación más estrecha entre mente y cuerpo también representará un mejor estado de salud. Muchas enfermedades y flaquezas son el resultado de ignorar las señales que el cuerpo nos da. Inexplicablemente olvidamos que tenemos un cuerpo y que debemos escucharlo. Nuestra mente no es autónoma y debe proceder como la síntesis de las distintas partes de nuestro cuerpo.

comunicación

Ha pasado mucho tiempo desde que los humanos vivíamos en manadas. Ahora somos un animal que se organiza en numerosas y complejas estructuras sociales. Esto ha sido posible por nuestra habilidad de comunicarnos. Pero esta capacidad está lejos de un nivel óptimo. Sólo basta compararnos con otros organismos que viven en grandes números, como lo son las abejas, hormigas y algunos peces, entre otros. Estos animales poseen una capacidad de comunicación muy superior a la nuestra; ésta se evidencia en su organización y la menor recurrencia de conflictos y brotes autodestructivos en sus sociedades.

Me parece inteligente el copiar las habilidades telepáticas que presentan algunos animales. Esto no debe parecerte fantasioso, ya que la telepatía entre humanos existe, y es cuestión de que desarrollemos y generalicemos esa forma de comunicación. Sus ventajas con miras a convertirnos en una civilización espacial son abrumadoras.

Primero, podríamos sustituir el valioso internet por esta forma natural que no requiere infraestructura, es portátil y que puede tener un uso gratis para todos los humanos. En el caso de una nave o base espacial, la inmediatez telepática permitirá una comunicación precisa que no requiere una fuente de energía distinta a la de nuestro cuerpo.

Otro beneficio es que podría ser el primer paso para comunicarnos con otras formas de vida. Esto sería cierto para especies que viven con nosotros, organismos de otros planetas, y con formas de vida de las cuales somos parte, como lo son Tierra y Vía Láctea. Esto es una posibilidad que no podemos descartar por el sólo hecho de que en esta fase de reduccionismo y antropocentrismo suene ridículo. Estamos hablando de acceder a formas de conocimiento muy distintas a la nuestra, y no perdemos nada con intentarlo.

Finalmente, la telepatía podría revolucionar nuestro sistema ético y filosófico. La telepatía se podría convertir en una telaraña de información permanente—de igual forma que sucede con los millones de neuronas en nuestro cerebro—y puede funcionar como un mecanismo de control social para quienes perjudican a la sociedad: una mente colectiva que dicte la moral, una moral natural y pura, carente de las limitaciones que todos tenemos como individuos. No debemos ver esto como una pérdida del individualismo y la libertad de pensamiento. Por el contrario, esto crearía un ambiente de transparencia y sinceridad donde perderíamos el miedo a pensar distinto, ya que todos lo hacemos. La libertad de pensamiento no se pierde porque sea pública, y de poco nos sirve ésta si no la ejercemos.

Mientras esto sucede, si es que así queremos, podemos comenzar por ser totalmente abiertos y francos en lo que pensamos, sentimos y decimos. Paralelamente, debemos tener una mente abierta: no juzgar o discriminar otras formas de concebir la vida. Quizás así consigamos acabar con la pretenciosa moralidad, y los conceptos de vergüenza y culpabilidad que hemos heredado. Estos no han impedido que algunos perjudiquen a la sociedad, y sí han colaborado a controlar y juzgar al individuo.

memoria y raciocinio

La memoria y el raciocinio han sido unas herramientas fundamentales en nuestra evolución. Gracias a ellas hemos conseguido moldear al medio que nos rodea para sobrevivir. Lo que nuestras características físicas no nos han podido brindar, lo hemos conseguido a través de nuestro ingenio. Y es que en la lucha por la supervivencia cuenta mucho ser recursivo. Aquí vale aclarar que no somos el único organismo que cuenta con dichos comodines.

La memoria nos ha permitido acumular información. La razón nos ha permitido sistematizarla. Y luego, gracias a nuestra imaginación, hemos creado soluciones que facilitan la supervivencia. Pero debemos ser conscientes de que nuestra memoria y nuestra razón no han alcanzado su máxima expresión; no podemos acceder a toda la información que hemos recibido, ni podemos entender todo perfectamente. Dicha información y su correspondiente sistematización está en nuestras cabezas, sólo debemos retomarlas.

Nuestra capacidad de concentración y de apertura mental serán vitales para potenciar nuestra memoria y nuestro raciocinio. Definir un método para conseguir este objetivo pecaría de reduccionismo. Lo importante es que seamos conscientes de esta necesidad y de que le dediquemos tiempo y esfuerzo para mejorar tales habilidades. Si aprendemos a manejar un carro, ¿por qué no podemos dedicarle tiempo a mejorar nuestras capacidades mentales?

imaginación

La peculiaridad más sobresaliente de los humanos es nuestra imaginación, nuestra creatividad. Es una virtud que ha determinado contundentemente nuestra forma de vivir. Por la imaginación llegamos a límites que en términos estrictamente de la supervivencia son innecesarios: vacunamos exquisitamente contra la monotonía actividades cotidianas como comer y copular, y exploramos mundos infinitos de expresión personal a través de las artes. Ese derroche de creatividad es lo que hace nuestras vidas extremadamente placenteras, y nunca debemos perder eso. Un mundo sin imaginación sería como un jardín sin flores.

Si bien la memoria y el raciocinio son importantes, estos no sirven para nada sin la imaginación. Gracias a esa capacidad de crear universos con la mente, podemos crear soluciones a nuestras inquietudes de supervivencia y desarrollo. El reto de un salto tecnológico para convertirnos en una civilización espacial sólo puede ser afrontado si dejamos que la imaginación nos guíe.

De todos los desarrollos mentales planteados en esta sección, el potenciar la imaginación es el más fácil de conseguir, ya que es una habilidad innata en nosotros. Sólo tenemos que dejar que nuestros sueños fluyan; darles alas a nuestras fantasías con el pleno convencimiento de que son reales o que lo pueden ser.

educación

Hoy en día, la educación es más un negocio en sí que un vehículo de desarrollo y evolución. Las políticas gubernamentales están pensadas para crear un círculo intelectual especializado, y relegamos a un segundo plano el promedio de educación de la población. Una especialización en todas las áreas del conocimiento es necesaria para obtener avances significativos, pero si el piso está muy bajo los saltos no serán tan altos.

Si somos ambiciosos en lo que queremos hacer, si queremos viajar por el universo y vivir en paz, tenemos que educarnos. Si tuvimos una era agrícola, una industrial y ahora una tecnológica, el próximo

paso es entrar en una era educativa. La educación
debe ser la actividad principal de nuestra civilización.

educación total

La educación tiene que democratizarse, tiene
que involucrar a todos los miembros de la comunidad. No podemos desperdiciar el potencial humano
asignando a ciertos individuos el desempeño de funciones accesorias, con el único fin de que otros se
dediquen a desarrollar campos económicos, políticos, científicos, artísticos o deportivos. Todos podemos aportar algo, y todos vamos a hacerlo.

Para poder especializar más nuestras áreas de
interés, debemos tener una educación más integral.
Hoy en día los estudios generales, la superficial cul-
tura general, concluye con los estudios secundarios—o a más tardar después del segundo año de
universidad. Esto refleja un prisma de conocimiento
bastante mediocre. Nunca puede haber demasiada
educación, nunca podemos dejar de aprender.

Desde muy temprana edad la educación tendría que dar a los niños una introducción general
de todas las áreas del conocimiento—artes, ciencias,
matemáticas, deportes, humanidades e idiomas relevantes para la comunidad—y familiarizarlos con
cada división de dichas áreas. Esto debería ocurrir
dentro de los 10 primeros años del individuo. A partir de ahí, se continuaría profundizando dicha educación, pero fomentando las iniciativas de aprendizaje

de cada uno. Todos tenemos por lo menos un campo de interés, lo que se debe impulsar sin descuidar los demás aspectos de la educación.

Una sociedad centrada en la educación también significa que sus miembros estudian permanentemente. No es cuestión de que todos adquieran un título universitario y luego se dediquen simplemente a producir algo. La producción debe estar impulsada por la investigación; siempre buscando algo que aprender en lo que hacemos. Es ridículo que la educación tenga un final, que creamos que exista un nivel donde hayamos aprendido suficiente.

La justificación para una educación permanente se encuentra en nuestra misma naturaleza: tenemos el récord mundial de ser el organismo más inútil y dependiente al nacer. Y permanecemos en ese estado de insuficiencia suprema hasta los 3 o 4 años.

Además de no ser físicamente capaces de sobrevivir, no tenemos el conocimiento para hacerlo. Los padres son los primeros maestros. Y esto es una necesidad biológica en los humanos. Pero en esta sociedad, muy temprano en la infancia de nuestros hijos nos jubilamos, y delegamos esa actividad tan importante a instituciones que carecen de la motivación innata para educar al individuo. La educación de los hijos por parte de los padres debe prolongarse hasta la edad adulta. Sólo que en Occidente no es posible porque estamos trabajando para producir cosas que en realidad no significan una mejor educación para nuestros hijos, o que éstos vayan a aportar algo a nuestra comunidad.

educación lúdica

Para involucrar a toda la población en la educación es necesario que la gente esté motivada a aprender. Subir los estándares de la educación implica que la sociedad entera se dedique a estudiar y a enseñar. Si no estamos motivados no vamos a aprender, ya que hacerlo implica una curiosidad voraz, y sólo lo que nos seduce nos empuja. Resulta obligatorio entonces que inculquemos a los niños que sigan siendo curiosos, y que los adultos nos contagiemos.

La educación se desarrollaría bajo un principio único: la educación debe ser lúdica. Cuando más aprendemos es cuando somos niños, y no sólo lo hacemos entonces porque a esa edad estemos físicamente más preparados para hacerlo, sino porque lo hacemos jugando y experimentando—y jugamos todo el tiempo que estamos despiertos. Desde aprender a sumar, hasta aprender física cuántica se haría jugando, divirtiéndonos.

La teoría y los libros deberían ser documentación que den los maestros para complementar los juegos que enseñen. Si el material didáctico se convierte en una actividad extracurricular, la gente no los verá como un castigo. En la actualidad la lectura y la investigación se ven como actividades tediosas—no como pasatiempos—porque el método educativo se basa en un juego de recompensas o castigos por memorización o realización de una actividad. Muy similar al utilizado en las escuelas para perros: una galleta por truco.

educación pura

La educación no deberá ser calificada. Las notas no son una manera de evaluar los conocimientos ni las capacidades de alguien. Son una manera conveniente de convencernos de que estamos enseñando: si alguien pasa la materia es porque aprendió. La manera de evaluar el aprendizaje sería en grupo, y consistiría en que dicho grupo alcance un objetivo que supla una necesidad de la comunidad, o que presente una investigación que interese al grupo. El objetivo debe ser aprender, no pasar una materia.

El educador hoy es un terrateniente del conocimiento, no el investigador carismático que enseña a no resistir la seducción de aprender. La figura de maestro se ha devaluado porque el sistema educativo no motiva a aprender y a trabajar en equipo—esto sólo sucede a niveles muy avanzados de investigación, donde generalmente hay dinero de por medio.

Una decanatura dista mucho de una mesa de alquimistas, artistas, deportistas olímpicos, intelectuales, brujos, y demás lunáticos de la sabiduría. Lo mejor de una sociedad deberá estar en la universidad—entendiendo universidad como el ente educativo de una comunidad, y cada una deberá tener su propia universidad.

La educación para una civilización espacial es una forma de vivir—así esto suene a eslogan de toalla higiénica.

cariño como un hijueputa

Todo lo que he dicho hasta ahora se puede tumbar con el dedo meñique. Pero lo que voy a decir ahora es lo único cierto, lo único universal. Y no soy yo el primero en decirlo, esto se ha venido predicando desde mucho antes de Jesús y hasta mucho después del movimiento de "Paz y Amor" de lo sesenta.

Lo único cierto y universal son la vida y el cariño. La vida porque estamos vivos tú y yo. El cariño porque entonces, ¿cómo es que sentimos cariño? El cariño no se puede justificar, no existe ninguna explicación para su existencia. El cariño simplemente es. Y abarca todo, como la vida. La vida es lo único por lo que vale la pena morir—y por lo que de hecho nos toca. Y el cariño, por su parte, simplemente no conoce la muerte.

goce religioso

Si la vida y el cariño son lo único que es cierto y universal, éstos son dios. Dios no es un ser antropomorfo que se dedica a cuidar el centro de su creación: los seres humanos. La idea de dios tendrá que formar una trilogía con la vida y el cariño, si es que no queremos perder ese concepto tan divino: un dios propio y exclusivo para nuestra especie.

Un dios implica idolatría, pero la vida y el cariño no son para idolatrarlos, sino para disfrutarlos. Ahora, que no se si estamos dispuestos a reducir el concepto de religión a placer. ¡Chispas! Esto suena a herejía, se ve interesante, se siente orgasmico, sabe a manzana y huele a pecado. ¿Cuándo entenderemos que así existiera un dios exclusivo para nuestra especie, él querría que fuésemos felices?

La vida es placentera por definición. La vida está diseñada para gozarla cada segundo. Todo lo esencial en la vida, lo único que realmente necesitamos hacer, es placentero: copular, comer, dormir, viajar, amar, aprender, etc. Como cualquier otro organismo, estamos diseñados para gozar.

el ego nos ciega

Cualquier filosofía humana, cualquier desarrollo económico, cualquier juego de poder y egocentrismo, cualquier conflicto o disputa humana; cualquier cosa que no sea vida y cariño es una mierdita. Una mierdita tierna y osada, pero el universo es mucho más grande, más inclusivo, más relevante. Podemos explotar este hermoso planetita en mil pedazos, que el universo no se detendrá. Está muy ocupado y alebrestado creando vida y dando cariño. La única manera de sobresalir en el universo es siendo el mayor exportador de vida y cariño del mercado intergaláctico.

El hombre moderno busca prolongar su vida, quiere más tiempo. Pero el tiempo no aumenta la vida, la vida jamás se puede cuantificar. Esta se incrementa cuando la disfrutamos: disfrutar la vida es vivir más; y para vivir más hay que disfrutar más la vida. El estrés occidental anula el beneficio de aumentar la expectativa de vida. ¿De qué te sirve más tiempo si no lo vas a disfrutar? ¿si vas a estar atrapado en un trancón o en un trabajo que no te gusta? Todas las complicaciones son de origen humano. Hemos llegado a tal extremo que hemos postulado el rechazo al placer, y lo hemos suplantado por la culpabilidad. Debemos rechazar todas estas imbecilidades y disfrutar la vida mientras nos dure.

el famoso paraíso

El más allá es muy aquí. El paraíso terrenal, como su nombre lo indica claramente, se refiere a Tierra. Paraíso = paraíso. Terrenal = Tierra. ¿Por qué no podemos entender algo tan simple? Estamos vivos, el cielo es aquí, no hay que esperar a morir para disfrutar.

El mundo es perfecto: brillan infinitas estrellas y galaxias, brillan para invitarnos; hay plantas, plantas con flores, flores de mil fragancias; hay mares, lagos y ríos con mil peces, peces de mil colores; hay aves que viven en el cielo, un cielo azul profundo manchado con nubecillas regordetas; hay millones de especies, especies que se yuxtaponen con nosotros; y estamos nosotros, con la capacidad de dar mucho cariño.

Si vamos a expandirnos en el universo, tenemos que convertir este hermoso planetita en una perlita que brille cariño—un planetita sin cariño es como un kínder sin niños—y que nuestro hábitat espacial sea la conchita más preciosa y coqueta del universo.

justificación al título

El título de este libro merece una explicación. La merece porque, entre toda la retórica que he expuesto, es lo único imposible por que discutamos tú y yo.

Nuestros pulmones necesitan aire; nuestra boca, agua; nuestro estomago, comida; nuestro sexo, otro; nuestra mente, información; y todo nuestro ser, ¡cariño como un hijueputa! Siendo "hijueputa" un adverbio de cantidad de la jerga bogotana, y no un adjetivo peyorativo.

Cariño como un hijueputa significa mucho cariño, un cariño industrial, un cariño que se muestra implacable. Hablar de cariño no vale la pena, tenemos que sentirlo y esforzarnos a dar cada vez más cariño. Un cariño parco e idealista no nos va a sacar adelante, necesitamos un cariño decidido a ganar, a que siga habiendo vida juguetona y feliz.

El pensamiento es poder, y todo lo que pensamos o imaginamos se materializa en nuestras vidas. Es así como un día inventamos el bien y el mal—que no están presentes en el universo—y ahora nos toca convivir con ellos y con sus estragos. La única forma de salir de esa dimensión contraproducente es pensando un mundo de cariño, un mundo fuera de la jurisdicción de dios y del diablo. El cariño debe reinar sobre todas nuestras ideas y sentimientos, si es que queremos vivir en paz y desarrollarnos hasta un nivel sin precedentes.

Entonces necesitamos una fuerza que cambie el curso de nuestra evolución. Esa es la fuerza por estar vivos y vivir en un mundo de cariño—la fuerza champiñón de la que hablé en la introducción. Todos tenemos esa fuerza adentro, y sacarla de tus entrañas se hace riendo. Sí, simplemente sonríe. Y luego ríe.

La evolución y la educación deberán convertirse en dominio del cariño. Ambas deberán apuntar a convertirnos en una especie cariñosa, una que se esparce por el universo dejando una poderosa estela de cariño por donde pasa.

ecotek

He dejado el postre para el final. El experimento, Ecotek, está pensado para implementar las ideas aquí expuestas. Pero seguramente habrá que replantear algunas de ellas. No quiero que este libro sea un documento académico—que generalmente pertenecen más al dominio de la coprología que al de las necesidades humanas—sino una propuesta experimental.

La condición para que el experimento funcione es que éste ofrezca una mejor calidad de vida y un desarrollo científico superior a los presentes en Occidente; al mismo tiempo que vivimos en paz, amor y diversión. El experimento beneficiará a las comunidades «pobres» del mundo entero, al trazar un camino de desarrollo nuevo, y al hacerlo accesible a todos. Pero el primer mundo necesita tanta ayuda y orientación como el cuarto mundo—es imperativo que dejemos de pobretear a los países pobres; para progresar hay que trabajar y no lloriquear: la única pobreza que existe es la mental—por lo que compartiremos toda la información y el conocimiento que se desprenda del experimento.

Antes de entrar en más detalles debo aclarar que el experimento no intenta cambiar al mundo. El mundo es de todos, e intentar imponer una forma de pensar pecaría de la arrogancia que nos ha acompañado durante tanto tiempo. Yo sólo quiero cambiar mi mundo. Y si tú me ayudas y creamos un rincón mejor, quizás contagiemos a otras comunidades. Cambiar el mundo en uno lleno de paz, cariño y progreso lo hacemos todos los humanos; es ridículo pensar que unos cuantos lo vamos a hacer. Entonces, la idea es crear un oasis, una alternativa de desarrollo para que cuando todos nos cansemos de lamerle el culo a un sistema capitalista y basado en núcleos de poder, tengamos un plan de escape disponible.

ecotek

Ecotek es un sueño, un sueño que quiero que soñemos juntos para hacerlo realidad. La octava maravilla. Hace mucho tiempo que la humanidad no hace una maravilla. Ecotek va a simbolizar el comienzo de una nueva civilización. Será una florecilla, una florecilla hecha con todo el cariño del mundo para unos hijitos que aún no he tenido. Y si también quieres sacar algo de provecho, puedes regalarles lo mismo a tus hijos.

Ecotek será el sitio más cariñoso del planeta. Un lugar donde no exista la lucha de poder que presenciamos hoy alrededor de nuestra Madre Tierra. Allí será una niña de cuatro años, preciosa y juguetona, quien dicte lo que se hace. Es más que evidente que el manejo de una sociedad humana es mucha responsabilidad para un adulto.

Entonces, Ecotek es un experimento de desarrollo que siendo divertido, pacífico y cariñoso, nos lleve a ser una civilización espacial. Ecotek es el nombre de una ciudad universitaria donde se implementen las ideas discutidas aquí, y las de quienes se vayan a involucrar. El nombre sólo resume dos características: que sea ecológico y que implique un desarrollo tecnológico muy superior. Pero la sociedad que crearemos será una sociedad total: la de una civilización espacial.

universidad

Ecotek será una universidad que enseñe, investigue y difunda información sobre todas las actividades requeridas para subsistir; todos los campos del conocimiento; todos los temas de investigación que representan un mayor desarrollo; y todas las expresiones humanas que nos trasnochan: artes, deportes, etc.

Definir la estructura de las facultades y los currículos es prematuro en estos momentos. Para eso necesitaré el apoyo de un equipo de trabajo que cuente con gente de todas las disciplinas. Lo que sí me parece necesario es replantear el modelo educativo actual para que la educación en Ecotek sea más integral, continua, general y divertida.

El que la educación sea integral significa cambiar el concepto de "carrera" que existe hoy. Un título de pregrado no se referirá a una disciplina específica (biología, por ejemplo), sino que abarcará todo el espectro del área (biología, química, física, genética, anatomía, etc.). Esto se deriva de que las cosas están más relacionadas entre sí de lo que creemos; un mayor conocimiento de todos los campos conducen a un mejor entendimiento. Debemos exponer a los niños a todo el conocimiento disponible: créeme que no es nocivo, y que seguramente pueden entender todo mejor que un adulto.

Una educación continua también implica un cambio radical en el modelo educativo. La separación existente entre educación primaria, secundaria, pregrado, maestrías y doctorados sólo contribuye a limitar las capacidades del individuo. El conocimiento estará siempre disponible para el individuo, sin importar tan siquiera su edad. Una educación continua también erradica el concepto de grado, que absurdamente marca un final al infinito proceso de aprendizaje. Tendremos que buscar otra forma de premiar el esfuerzo.

Ecotek abrirá sus puertas a todo el mundo, independiente de su formación académica, con la única condición de que todos tendrán que estudiar y enseñar algo continuamente. El sistema educativo de una civilización espacial involucra a todos los miembros de una sociedad. La estructura jerárquica del conocimiento hoy incurre en un desperdicio del potencial humano.

Finalmente, los currículos y la metodología de enseñanza en Ecotek serán guiados por un principio lúdico inexorable. Para aprender más tenemos que hacerlo fácil, y la mejor manera de aprender es jugando—por definición. Creemos que existen cosas que no se pueden enseñar o aprender jugando, pero esa mentalidad es el resultado de la apatía y la mediocridad de nuestra pedagogía. La educación será algo empírico y práctico, y en lo posible lo será fuera del laboratorio.

Para desarrollarnos hasta convertirnos en una civilización espacial tenemos que encontrar un modelo educativo muy superior al actual. Quizás algunas ideas expuestas en este libro parecen sacadas de un cuento de hadas, pero tenemos que proyectarnos a mil o dos mil años. Entonces estaremos mucho más desarrollados, y eso será el resultado de comenzar hoy a educarnos, a prepararnos.

El sueño de convertirnos en una civilización espacial puede estar muy cerca, así ahora te parezca muy distante. Seguramente pasaron miles de años antes de que pudiéramos reproducir el fuego. Pero una vez que descubrimos cómo hacerlo se convirtió en algo cotidiano y fácil; algo tan simple que aún no podemos entender cómo es que tardamos tanto en descubrirlo. De igual forma, un salto tecnológico importante puede estar a la vuelta de la esquina— puede ser una accidente o un golpe de suerte—sólo tenemos que estar preparados en todos los aspectos. No podemos avalar los costos de no estar preparados para asimilar un avance poderoso, como pasó con la energía nuclear.

ciudad

Ecotek será una ciudad planeada para alcanzar una eficiencia ecológica; un desarrollo urbanístico que represente una mejor calidad de vida; y un derroche de diseño arquitectónico muy distante de la orientación comercial de la construcción actual.

El diseño será definido por quienes participen en el proyecto. Pero me parece que copiar ciertos aspectos de la arquitectura e ingeniería Inca—que no son superados por la arquitectura moderna—y combinarlos con otros estilos y algunos materiales modernos, le darían a Ecotek una calidad de construcción que trascienda en el tiempo—como todas las cosas que son bien hechas. Después es cuestión de nuestra imaginación para que hagamos de Ecotek la octava maravilla. Literalmente.

La localización de Ecotek aún no está definida. La región del Darién, en Colombia, se me antoja como una buena candidata, ya que está abandonada por el gobierno y que sufre los estragos de una violencia aún no confrontada; tiene una posición estratégica; cuenta con unos recursos y un paisaje envidiables; y lo más importante, está habitada por una gente muy cariñosa. Pero todo depende de la aprobación de los distintos actores de la región, y de que el gobierno del momento no comience a poner trabas o intente desempeñar un papel paternalista: la idea es crear un camino de desarrollo que omita la estructura sociopolítica y económica que profesan los gobiernos. Si no se puede en Colombia, cualquier otro sitio será bueno.

fases del experimento

Un experimento como el que plantea este libro requiere una planeación minuciosa, gente interesada en participar, y un patrocinio financiero y material. Para poder satisfacer estos requisitos, Ecotek será conformado por distintos proyectos para cada uno de los aspectos que hagan posible el experimento, y que conformarán las distintas facultades de la universidad. Desagregar el experimento es una forma de evitar la formación de nodos de poder dentro del mismo, al mismo tiempo que facilita la financiación y supervisión de cada proyecto.

La realización de Ecotek contará con cuatro fases principales. Primero hay que conseguir la gente y los recursos económicos para comenzar, la Fase de Contactos. Luego viene la Fase de Planeación, donde se llenarán todos los vacíos y ambigüedades de este libro. Esta fase concluirá con la presentación del experimento, para así conseguir los recursos necesarios para el siguiente paso. Después llegamos a la Fase de Construcción y Puesta en Marcha: se acaba la retórica. Finalmente entramos en la Fase de Operación, donde se trabajará para alcanzar los objetivos esenciales del experimento.

estructura de los proyectos

Materializar Ecotek contará con una doble manejo, ya que por una parte estará compuesto por diferentes proyectos—esta será la manera de interactuar con Occidente en los comienzos del experimento—y por la otra, todos los proyectos apuntarán a conseguir un mismo objetivo de desarrollo—este será el manejo interno, donde no existirán proyectos con mayor jerarquía, sino una simbiosis de los mismos, funcionando sincronizada y complementariamente.

Cada proyecto contará con un objetivo específico que supla una necesidad de la comunidad, al mismo tiempo que produce información que se distribuirá a quien esté interesado en el desarrollo de Ecotek o en copiar alguna de sus prácticas.

gente

El primer paso y el más importante es el de conseguir la gente que esté dispuesta a arriesgar el estilo de vida occidental. Las cosas, como he dicho antes, no se hacen con dinero sino con trabajo. Somos los humanos quienes vamos a crear un oasis, no el dinero.

El objetivo principal de este libro es seducirte. Lo que pretendo no lo puedo hacer solo. Necesitamos conformar un grupo de gente decidida y fuerte que no tenga miedo de apostar todo para crear la posibilidad de desarrollarnos mejor. Estoy buscando soñadores y exploradores.

No es por mediocridad o arrogancia, pero no aceptaré críticas sobre las ideas subyacentes a Ecotek—entendiendo crítica como un discurso que busca demostrar que se tiene la razón, y que generalmente no aporta nada a quien es criticado—quiero que las complementes. El resultado de este libro será el producto del trabajo de muchos: esto es sólo el comienzo.

financiación

En un principio tenemos que conseguir la financiación para la Fase de Planeación. Esto implicará un cálculo aproximado de los costos de disponer de personal especializado que planee a fondo cada proyecto, y de la infraestructura que esto requiera. Seguramente, la planeación durará varios años y es difícil adivinar los recursos requeridos, por lo que los financiadores tendrán que ser conscientes de la dificultad de estimar un costo fijo para dicha fase.

Una vez concluya la Fase de Planeación se tendrá la información precisa de lo que se requerirá para llevar acabo el experimento. Entonces se presentarán los proyectos para conseguir la financiación de cada uno. Los costos de cada proyecto comprenderán la infraestructura necesaria para que Ecotek comience a funcionar.

El ideal es que la financiación sea hecha principalmente por individuos de cualquier parte del mundo, no tanto por entidades; esto con el fin de evitar ataduras políticas, económicas o de imagen. En lo

posible las contribuciones serán las cosas requeridas, no dinero. De esta manera se reducirá la ineficiencia que todo aparato burocrático implica, y co-
rroborará el ideal de que compartiendo se progresa
más que negociando.

Después de que el personal y los equipos sean
transportados al lugar escogido, Ecotek se desligará
absolutamente de la economía mundial, y comen-
zará a funcionar de manera autosuficiente. Aquí es
cuando se demostrará que se puede sobrevivir y desarrollarse sin una economía capitalista. A partir de
este punto estaremos a la deriva. Pero créeme: todos
los otros organismos en este planeta sobreviven sin
dinero; nosotros también podemos.

proyectos

A continuación definiré cada uno de los proyectos. Cada proyecto refleja una necesidad del funcionamiento de Ecotek, y ofrecerá información al
mundo entero. El estipular los requisitos de cada
proyecto sería prematuro, será en la Fase de Planeación donde realmente se especifiquen todos los
detalles.

Sé que las descripciones a continuación son
ambiguas, pero no quiero ser yo quien defina todo.
Necesito ayuda. Por lo tanto, la planeación de cada
proyecto se actualizará constantemente a través
de internet. Tu colaboración en ese proceso es
bienvenida.

Entonces, los proyectos son:

planeación

El proyecto de planeación de Ecotek definirá cada aspecto que haga posible el experimento. Este proyecto definirá y coordinará todos los demás proyectos; llenará todos los vacíos de este libro; y estipulará cada paso que debemos seguir.

Aquí también será necesario investigar todo tipo de iniciativas relacionadas del pasado, y contactar las que estén en marcha.

Antes de comenzar con el proyecto de planeación será necesario definir cuáles serán sus objetivos y su estructura. Para esto espero contar con la colaboración de quienes estén interesados. Ahora sólo quiero esbozarlos, aquí aún están en bruto.

localización

Uno de los primeros pasos es definir el lugar donde crecerá Ecotek. El proyecto de localización buscará la colaboración de entidades con información—geográfica, biológica, estadística, económica, histórica, etc.—para escoger el punto que presente las mayores ventajas.

Paralelamente se hará un sondeo de la aprobación de la población y del gobierno, como dije antes. El ideal es construir Ecotek en un sitio donde sea necesario. Pero todo dependerá de la colaboración de quienes puedan influir en el experimento.

inventario del ecosistema

Una vez se haya determinado la localización de Ecotek, será necesario hacer un inventario de la biodiversidad, y un estudio profundo del ecosistema y de las características geológicas de la región. El objetivo de este proyecto es obtener la información que nos permitan instalarnos en el sitio causando el menor impacto posible, y definir la manera de manejar los recursos existentes de una manera eficiente.

Después de que Ecotek entre en marcha, este proyecto se encargará de la investigación en el campo de las ciencias naturales, y del manejo de los recursos naturales.

transición económica

Depender de una financiación externa en un comienzo para luego desprenderse del sistema económico actual implica un estudio de cómo se hará dicha transición. Este proyecto no sólo estará encargado de manejar la contabilidad del experimento, sino que planeará los mecanismos para crear una comunidad autónoma y autosuficiente.

construcción

Según el manejo de recursos insinuado en el segundo capítulo, debemos dejar que los ecosistemas de Tierra crezcan lo más naturalmente posible. Si propongo construir Ecotek en la selva del Darién es porque allí existen ecosistemas que no han sido tan influenciados por la mano del hombre. De esta manera podremos demostrar que la mejor manera de desarrollarse es integrándose a los ecosistemas, no manipulándolos para que sólo sirvan al hombre. Entonces es imperativo que la construcción de Ecotek sea planeada de tal forma que no tenga un impacto nocivo para el ecosistema. El proyecto de construcción será determinado por la información que surja del proyecto de inventario del ecosistema. La construcción de Ecotek tendrá que ser una obra maestra. Además de planear una ciudad ecológicamente eficiente, tenemos que diseñar un lugar hermoso. La estética y la funcionalidad son un síntoma de desarrollo que debemos seguir. Ecotek reflejará una fusión entre la ingeniería, la arquitectura y los estudios ecosistémicos.

Este proyecto planeará la construcción de la infraestructura, viviendas, edificios universitarios, librerías, museos, restaurantes, cafés, sitios de entretenimiento, instalaciones de servicios, centros de producción, hoteles, parques, instalaciones deportivas y todo lo demás que sea requerido.

servicios públicos

Para poder instalarnos en Ecotek tendremos que diseñar los servicios de acueducto, alcantarillado y electricidad, de tal forma que se manejen los recursos óptimamente. Este proyecto evaluará las necesidades que Ecotek vaya a tener a medida que crezca y se desarrolle tecnológicamente.

transporte

El proyecto de transporte tendrá que confrontar dos aspectos vitales. El primero es el de integrar una comunidad aislada al resto del mundo. La idea de localizar a Ecotek en un lugar aislado es para encontrar una manera de ser absolutamente autosuficientes—así en un principio se requiera una financiación. Pero Ecotek deberá tener un contacto óptimo con el mundo exterior para facilitar el intercambio cultural, por lo que resultaría práctico el localizarlo en la costa.

El segundo aspecto es la determinación de usar medios de transporte que no deterioren el medio ambiente. Renunciar a éstos implicará mejorar los que no lo son: globos, lanchas y veleros, principalmente.

comunicaciones

Un objetivo primordial de Ecotek es el compartir información, por lo que se requerirá un sistema de comunicaciones excelente. El proyecto de comunicaciones definirá los medios requeridos para distribuir y obtener información, teniendo en cuenta que debemos minimizar la infraestructura.

fuerza logística

Lo que en Occidente se denomina como fuerzas armadas—que están encargas de involucrarse en guerras y mantener el orden—se transformarán en una organización que cumpla las funciones de construcción y respuesta a cualquier eventualidad. El proyecto de fuerza logística involucrará a todos los miembros de la comunidad, y determinará la estructura y coordinación que hagan posibles la construcción y el funcionamiento de Ecotek.

alimentos

El proyecto de alimentos planeará y se encargará de suplir las necesidades alimentarias de Ecotek. Para esto se requiere una compenetración con el proyecto de inventario del ecosistema. Este proyecto tendrá que tener en cuenta la proyección del crecimiento de la ciudad y determinará el tamaño óptimo de Ecotek.

Este proyecto, de deliciosa importancia, no sólo se encargará de planear la producción de alimentos, sino de fomentar el arte de la culinaria. En la actualidad padecemos una deficiencia nutricional que no es causada por la escasez de recursos sino por la ignorancia.

producción

Para ser autosuficientes es necesario aprender a extraer todos los recursos que necesitamos; y producir las herramientas, utensilios y maquinaria. Este proyecto se encargará de evaluar lo que necesitamos producir, y cómo hacerlo de una manera eficiente.

Desarrollar una tecnología accesible a cualquier comunidad será el objetivo de este proyecto. Aquí también se creará un banco de moldes, planos y procedimientos que estará a disposición de cualquier comunidad que los solicite.

puesta en marcha

Este proyecto estará encargado de definir y coordinar el procedimiento de instalarnos en Ecotek. Se hará una evaluación del transporte de personal y equipos al lugar escogido, y se estipulará un cronograma.

educación

La educación en Ecotek funcionará a través de proyectos interdisciplinarios orientados a satisfacer una necesidad de la comunidad, o a investigar sobre un tema de interés. Más que hablar de semestres o cursos, se enseñará al estudiante todo lo necesario para alcanzar el objetivo del experimento.

El proyecto de educación definirá el modelo educativo de Ecotek: los objetivos, las facultades, la metodología, los currículos, el material didáctico, etc.

salud

Ecotek contará con un sistema de salud que comience con la prevención, y que abarque toda la población humana y la de los organismos que nos rodean. Aquí se investigarán tanto las tecnologías modernas como las prácticas alternativas.

deportes

El área de los deportes será muy tenido en cuenta, y el proyecto de deportes no sólo estará orientado a enseñar a los integrantes del proyecto todos los deportes que el ecosistema permita, sino a obtener un nivel competitivo de orden mundial.

artes

Soy consciente de que no he hablado mucho de las artes, pero es porque éstas implican una libertad que impide definir su orientación. Lo único que puedo decir es que el proyecto de artes fomentará su práctica por parte de todos los integrantes. Si vamos a hacer la octava maravilla, tenemos que asegurarnos de que cada detalle sea una joya: desde una cuchara hasta un estadio van a ser hechos con ímpetu.

Ecotek tendrá a favor el que no estaremos determinados ni motivados por los incentivos económicos que tanto prostituyen al arte en Occidente.

documentación

Debido a que uno de los objetivos de Ecotek es distribuir toda la información que adquiramos, tendremos un proyecto de documentación que se encargue de producir material audiovisual. Este proyecto informará constantemente sobre el desarrollo de los demás proyectos. De esta manera se asesorará a las comunidades que deseen implementar los avances de Ecotek; se explicará cómo se hacen las cosas.

Entonces este proyecto incluye todo lo que necesita un buen estudio de producción: cámaras, equipo de edición de sonido, estudios de grabación y sonido, etc. Este será la base de la facultad de cine y teatro—ya que también se producirán películas—pero estará integrado con todas las demás facultades.

editorial

De igual forma produciremos material impreso que se distribuirá a través de internet. Este proyecto consistirá de revistas y libros especializados que divulguen toda la información de cómo hacer las cosas y del estado actual de los distintos campos del conocimiento; y estará complementado por el proyecto de documentación.

Paralelamente se desarrollará una tecnología de impresión que sea ecológica y aplicable a un nivel comunitario—tintas, papeles, impresoras, formatos, etc.

También se creará una biblioteca virtual en internet que incluya todos los libros y en todos los idiomas. El objetivo de esto es crear un sistema de información que le permita a todo el mundo tener acceso a la información que quiera para poderla imprimir en su propia comunidad.

intercambio cultural

Ecotek busca un camino de desarrollo que suplante al modelo Occidental que hoy en día está generalizado en el mundo. Al trabajar sólo a nivel comunitario se opone a la tendencia de globalización, que está deforestando la diversidad cultural. Siendo Ecotek una universidad que busca posicionarse en los primeros lugares en un corto plazo, es necesario el involucrar a gente de todo el mundo. Desde un comienzo Ecotek fomentará programas de intercambio con otras universidades, y abrirá sus puertas a quien esté interesado.

Este proyecto, en conjunto con el de transporte, también tendrá que asegurarse de ofrecer a los integrantes de Ecotek la posibilidad de viajar—esto mejora el nivel cultural y ayuda a compartir el conocimiento producido en Ecotek. Se planeará un sistema de transporte que continuamente nos permita viajar, al mismo tiempo que se establezcan convenios de hospedaje en el «exterior»—esto se hace necesario ya que no tendremos dinero.

aerospacial

El proyecto aerospacial está justificado por ser un objetivo primordial del experimento. Este proyecto será una bandera de Ecotek—no la única ni la más importante—que tendremos que tomar desde un principio.

fuerza humana

Antes hablé metafóricamente de la fuerza champiñón, pero en realidad lo que tenemos que sacar a relucir es la fuerza humana: nuestro poder infinito. Todos estamos vivos, todos somos dioses.

El desafío que representa Ecotek es muy grande y la lucha ardua, pero ¿acaso tienes algo mejor qué hacer? Yo no estoy dispuesto a dejar que la especie humana se hunda en su propia mierda, y a que apeste a Tierra en el proceso. Y para eso necesito que me ayudes a traducir estas ideas en acciones fáciles de entender y de aplicar.

Para crear algo perfecto—porque la perfección existe—no hay que sentarse a pensar, hay que estar moviéndose; y no sólo de un lado para el otro, sino haciendo lo que estamos pensando. Esto significa una total dedicación y convicción a Ecotek.

Al movernos ganamos momentum. Hay que mover el culo, y esto significa hacer las cosas con muchas ganas. Si queremos alcanzar un nivel de desarrollo superior, si queremos viajar por el universo, tenemos que hacerlo con las pelotas por delante. Una especie débil y cansada nunca sale de su planeta; el universo es para los poderosos. Pensar en que va a venir un redentor a solucionar todo es justificar nuestra mediocridad y apatía, nuestra falta de ganas de vivir y luchar. Y así no vamos a ir a ningún lado.

Existen dos tipos de humanos: aquellos que inventaron a dios para tranquilizar su miedo y al diablo para infundir miedo, y aquellos que descubrieron el fuego para adquirir poder y confort. ¿Qué tipo de humano eres tú?

No puedo afirmarte cómo va a hacerse todo lo que propongo ni cuál va a ser el resultado. Sé que el camino puede presentar complicaciones. Lo único que te puedo garantizar es que nunca me verás arrodillado y que estoy dispuesto a llegar hasta el fin. Y si consolidamos un grupo con esa mentalidad, nada nos detendrá. La vida es lo que queramos que sea, sólo tenemos que vivir sin miedo.

Vamos a crear una generación poderosa y humilde; la generación más poderosa que jamás haya existido. Y vamos a asegurarnos de que nuestros sucesores nos sobrepasen fácilmente. Vamos a inculcarles coraje, fantasía y mucho cariño.

Si este libro parece fuera de borda, muy fantasioso, yo digo que no perdemos nada con intentarlo. Es mejor cerrar los ojos y estrellarse, que abrirlos y quedarse quieto.

16 años después...

A mediados de 1995, unos seis meses después de graduarme de la universidad, se me vino a la cabeza la idea de hacer un centro cultural. La idea era crear un espacio donde gente curiosa y creativa pudiese reunirse las 24 horas al día para intercambiar ideas y producir algo que aportase a la humanidad. Sin parar a reparar en cómo conseguiría la financiación, continué desarrollando la idea hasta que fue claro que lo que realmente tenía en mente era fundar una universidad. Una vez esto fue claro, mi cerebro me volvió a jugar una broma y la idea evolucionó hasta convertirse en una ciudad universitaria. Ya que la idea era darle un revolcón a la educación, me parecía apropiado que dicha universidad se desarrollara en el ambiente controlado de un campus universitario que sería a su vez una ciudad pequeña.

Luego entré a trabajar en el Programa COAMA, una red de ONGs que da apoyo a las comunidades indígenas de la Amazonía colombiana. Allí tuve la oportunidad de aprender sobre temas ecológicos y proyectos de desarrollo, lo que impactaría una vez más mi idea. Ya que estaba hablando de hacer una ciudad universitaria, ¿por qué no hacer una ciudad ecológica? Al ser de un tamaño mayor, ésta ciudad podría responder a la crisis urbanística que los países en desarrollo deben asumir frente al aumento de la población.

A comienzos de 1997 comencé a escribir este libro, que estuvo listo a mediados de 1998. Yo contaba con 27 años, y el estilo del libro se debe a la rebeldía y las ganas de "hacer algo" que un joven revolucionario no sabe controlar. Estando en un país dónde terroristas y criminales de todos los flancos se hacían oír con tiros y explosiones, pensaba que sólo un libro crudo y con un lenguaje tajante podría hacer que me escucharan. Y fue así como regalé cientos de copias impresas de *"Cariño como un hijueputa"* y lo distribuí gratuitamente a través de internet. El objetivo del libro era lanzar la idea al ruedo para conseguir la gente y los recursos que permitieran realizar este experimento de desarrollo sostenible.

A comienzos de 1999, fundé la Fundación Ecotek, cuyo propósito era ejecutar el experimento. El primer paso era escribir las propuestas de financiación para presentarlas a los organismos internacionales que podrían estar interesados en participar en un experimento de desarrollo a esta escala. Con un pequeño grupo de buenos amigos interesados en desarrollo sostenible, desarrollamos en más detalle la estrategia alimentaria, conceptos urbanísticos y el modelo económico, al mismo tiempo que yo avanzaba las propuestas.

Poco a poco fue quedando en evidencia las complejidades externas que afectan este tipo de proyectos. Por ejemplo, los organismos internacionales sólo estaban interesados en financiar proyectos si el gobierno estaba dispuesto a invertir por lo menos el 50% de los recursos necesarios. Esta era la única manera de proteger su inversión ante un hipotético gobierno que en el futuro decidiera cancelar el proyecto por motivos políticos o de cualquier índole. Por su parte, el gobierno colombiano estaba demasiado ocupado combatiendo tres grupos guerrilleros, uno paramilitar, la delincuencia común y la corrupción interna, como para prestar atención a un proyecto que podría parecer sacado de la ciencia ficción. Por eso mi propuesta al gobierno rebotó entre las oficinas de correo del Ministerio de Desarrollo, el del Medio Ambiente, el de Interior, el de Hacienda y el Departamento de Planeación Nacional...

Sabiendo que en Colombia también hace falta pedir permiso a los actores del conflicto armado, comencé por contactar al frente ideológico de las FARC, quienes después de un par de encuentros me recomendaron que olvidara el proyecto porque en el país sólo podía haber una revolución y no iba a ser la mía—así tocara callarme a las malas...

La última complejidad externa que afecta este tipo de proyectos, y que coincidió con la advertencia de las FARC, fue finalmente entender que para ser altruista hace falta poder y dinero. Yo no tenía el primero, y me acababa de quedar sin éste último... No tuve más remedio que usar mis últimos ahorros para liquidar a la Fundación Ecotek.

Nunca he sentido que haya fracasado. El proyecto es tan ambicioso, que era de esperar que "un mocoso sin dinero y conexiones" acabara estrellándose con la realidad burocrática y financiera—que es en parte lo que yo estaba intentando combatir. De todo ese esfuerzo aprendí muchas cosas, pero la más importante es que todo tiene su momento. Cualquier cosa en el universo es posible siempre y cuando encontremos su punto de apoyo y utilicemos la palanca en el momento ideal.

Cuando firmé los papeles de clausura de la fundación, supe que ese intento fallido no iba a ser el último. Yo tenía muchas cosas que aprender y el momento ideal ya llegaría. Yo iba a esperar pacientemente a que el momento fuera más propicio.

En este lapso de tiempo he refinado más algunos conceptos, y he incorporado algunos avances tecnológicos y sociales en mi planteamiento. El tema del dinero, por ejemplo, ha cambiado de la abolición total propuesta en este libro, a un sistema monetario multidimensional que garantiza el equilibrio del ecosistema y que todos en la sociedad tengan los recursos para financiar un nivel de calidad de vida mínimo. Como lo dije en el libro, no era mi intento ser dogmático, sino realmente construir una ciudad ecológica que nos muestre una camino de desarrollo alterno. Mi tono también ha cambiado. Aquellos que me conocen pueden afirmar que no es que haya madurado más, pero el paso de los años sí me ha dado más experiencia y conocimiento.

Ahora siento que ha llegado la hora de hacer estiramientos y comenzarme a preparar para el segundo tiempo de este partido. Con este fin he comenzado de nuevo a investigar y organizar mis apuntes para poder escribir un libro que presente este experimento. Esta vez me estoy asegurando de destilar el libro de palabrotas, y de enfocar el libro en cómo será la ejecución del experimento, desde obtener la financiación hasta detalles técnicos de cada proyecto.

Obras en Español

Un Poco de Jazz para tus Ojos
Compendio de cuentos gráficos

Cariño como un Hijueputa
Desarrollo sostenible

Otto & Fritz
Novela

El Ladrón de Diamantes
Novela

Las Letras del Amor
Novela

Homo Libertas
Novela

Obras en Inglés

Love Like a Son-of-a-bitch (Cariño como un Hijueputa)

Desarrollo sostenible

Escher's Castle (El Castillo de Escher)

Novela

Decoding Mr Right—Sex & Modern Women (Descifrando a tu Príncipe Azul—El Sexo & La Mujer Moderna)

Auto-ayuda, relaciones (coautor con Puki Bauer)

Finding Mr Right—Granted You´re Not a Bitch! (Encontrando a tu Príncipe Azul—Siempre y Cuando no Seas una Cabrona)

Auto-ayuda, relaciones (coautor con Puki Bauer)

Keeping Mr Right—Granted He´s Not an Asshole! (Quedándote con tu Príncipe Azul—Siempre y Cuando Él no Sea un Cabrón)

Auto-ayuda, relaciones (coautor con Puki Bauer)

DonJuanVargas.com

DonJuanVargas.com

www.ingramcontent.com/pod-product-compliance
Lightning Source LLC
Chambersburg PA
CBHW021820170526
45157CB00007B/2656